DOCTEUR J. CAGNOLI

* * *

SAINT-MARTIN-VÉSUBIE
VILLÉGIATURE - EXCURSIONS
AVEC VUES ET CARTE

* * *

Saint-Martin est, sans contredit,
la perle centrale, la perle la plus
parfaite et la plus pure que la nature a posée sur la région niçoise.

MAETERLINCK.

3619. — Ligne du Sud de la France
PLAN-DU-VAR (Vésubie)
Confluent du Var et de la Vésubie

DOCTEUR J. CAGNOLI

DE SOMMETS

EN AIGUILLES

Villégiature - Excursions

A SAINT-MARTIN-VÉSUBIE

avec Vues et Carte

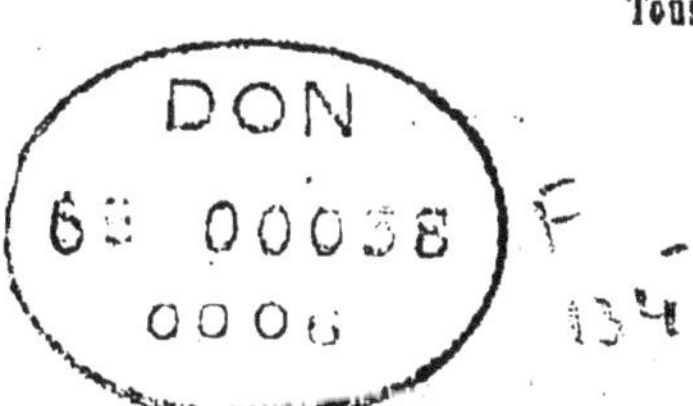

A la mémoire de notre regretté Député, Monsieur Félix Poullan, qui a mis tout son cœur et son activité à favoriser l'essor de la Vallée de la Vésubie.

A Madame Félix Poullan qui, avec le plus gracieux dévoûment, continue auprès des malheureux l'œuvre bienfaisante de son mari, ce modeste travail est dédié.

Saint-Martin-Vésubie, le 1ᵉʳ Mai 1919.

DOCTEUR CAGNOLI.

Mon cher Docteur,

Enfin voici le guide depuis si longtemps désiré, le guide nécessaire, le guide auquel auraient droit, pour en faire connaître et revivre les enchantements et les souvenirs, chacun des villages ou des petites villes de cette merveille des merveilles qu'est notre pays de lumière !

Comme vous le dites fort justement : « Bien connaître le pays que l'on visite, c'est presque déjà l'aimer ». Mais, ajoutez-vous, et vous avez raison, « les guides ordinaires ne constituent qu'une froide et aride nomenclature ». D'autre part, d'excellents livres, comme « Mon Pays », de Dominique Durandy, ne répondent pas aux demandes du voyageur et sont plutôt de très agréables divertissements littéraires. Vous avez su fondre habilement et harmonieusement les deux genres ; vous avez su rester savant, précis, pratique, méticuleux, tout en ouvrant la porte à l'imagination et en préparant nos regards aux incomparables spectacles qui, dans ce paradis de soleil et d'azur, les attendent de toutes parts.

Il est juste et heureux que le premier effort de cette propagande de beauté soit parti de Saint-Martin-Vésubie. Saint-Martin est sans contredit la perle centrale, la perle la plus parfaite et la plus pure de la magnifique couronne que la nature a posée sur la région niçoise, où, dans un espace, que quelques jours de marche suffisent à parcourir, elle encercle et accumule, avec un soin, un goût, une prodigalité qu'on ne retrouve sur aucun point de notre globe, tous les aspects, tous les climats, toutes les flores, toutes les splendeurs de la terre, de la mer et du ciel.

Sans entreprendre de dépeindre après vous les délices, je ne dirai pas de cette oasis, car tout est oasis en ce coin béni de la Provence, mais de ce jardin des jardins, où les plus admirables arbres du nord entretiennent sous un ciel infatigablement bleu, une fraîcheur, une paix, un silence ombragé que troublent seuls le bruit des sources innombrables, le ruissellement des eaux vives et le chant de cristal des torrents : je répèterai simplement au lecteur le classique : Tolle et lege, *« prends et lis », de Saint-Augustin, en y ajoutant le* Vade et vide, *« marche et vois » du touriste et en souhaitant que l'excellent exemple que vous avez donné soit promptement suivi.*

Veuillez agréer, mon cher docteur, avec mes félicitations et mes vœux, l'assurance de mes sentiments les plus dévoués.

Mæterlinck.

INTRODUCTION

Depuis très longtemps, des milliers de Français allaient, tous les ans, chercher bien loin, à l'étranger, un soulagement à leurs maux, soit en utilisant les vertus curatives de leurs sources minérales, soit celles de leur climat : c'était un tort. « *Je n'oublierai jamais,* disait le regretté professeur Huchard, *que la France est le pays le plus riche du monde en stations d'altitude haute et moyenne, en eaux minérales de toutes sortes et qu'en envoyant mes malades au loin, je commettrais une très grave faute au triple point de vue patriotique, humanitaire et thérapeutique.* »

Maintenant plus que jamais la nécessité de ne pas verser dans un de ces travers s'impose. L'effroyable fléau qui, pendant plus de quatre ans, s'est abattu sur tant de peuples, a ébranlé l'univers entier ; plus que toute autre nation, la France a essuyé les chocs de la terrible tourmente, mais la vaillance de ses enfants et la généreuse coopération de ses alliés ont eu raison de la lâche agression et fait prévaloir les droits de l'Humanité sur l'injustice et la tyrannie. Meurtrie mais non frappée à mort, la France pansera ses blessures et, purifiée par la souffrance, elle se relèvera pour vivre à jamais plus radieuse, dans la paix féconde, par le travail et par la mise en pratique des principes d'ordre social et économique qui doivent lui assurer sa future prospérité.

Parmi les branches de notre industrie nationale, celle du *tourisme* est, sans contredit, une des plus importantes ; il y avait donc lieu de l'encourager ; c'est ce qu'ont fait nos législateurs en votant la loi du 13 avril 1910, qui créait les stations hydro-minérales et climatiques. Ils avaient, en effet, compris tout l'intérêt qu'il y avait pour les malades et pour la fortune publique, d'enrayer l'exode de Français qui se produisait annuellement vers de lointaines régions, autant pour satisfaire aux caprices de la mode que par la connaissance imparfaite de la valeur de nos stations françaises.

Faire valoir notre richesse hydro-minérale et climatique, c'est donc faire acte de patriotisme, en nous affranchissant du tribut périodique que, par nos cures, nous avons coutume de payer à l'étranger ; c'est faire preuve de prévoyance, en retenant chez nous notre argent pour les besoins de nos industries et de notre commerce ; c'est enfin faire œuvre éminemment humanitaire à l'égard de nos glorieux héros qui, exténués et minés par les souffrances d'une longue et horrible guerre, trouveront dans leur propre Patrie les conditions les plus propices pour leur retour à la santé et à la vie commune.

Mais là ne doivent pas se borner nos efforts : ce qui nous importe aussi beaucoup, c'est de provoquer l'affluence sur notre sol de nombreux étrangers, afin d'effectuer le *rapatriement* de l'*or vainqueur* et *libérateur* dont nous avons si spontanément et avec tant de générosité consenti l'*émigration*.

Tel est le rôle imparti aux stations balnéaires et climatiques. Notre beau département jouit d'une situation privilégiée ; la renommée de notre incomparable Côte d'Azur s'étend partout ; il n'est pas un coin du globe, si reculé soit-il, où le nom des cités enchanteresses couchées sur les bords de notre grande bleue ne lui soit apporté avec le parfum de leurs fleurs, la tiède caresse de leurs brises et le sourire de leur éternel printemps.

Mais ce que l'on ignore généralement, c'est que cette région de la France, unique dans sa manière d'être, est aussi la seule qui permette, sur un parcours de 80 kilomètres au plus, d'arrêter le regard sur les majestueux palmiers qui bordent la côte, soit d'admirer la solitaire *saxifraga florulenta*, se dérobant dans les crevasses des roches abruptes, tout près des neiges éternelles.

Aussi, ne doit-on pas s'étonner si ce département se prête si admirablement à la création de plusieurs résidences échelonnées à diverses altitudes et pouvant, grâce aux nuances climatériques qu'elles offrent, répondre à des besoins particuliers et à des indications thérapeutiques assez bien définies.

Le sort des stations alpestres est intimement lié à celui des résidences hivernales. On serait toutefois mal venu à supposer que celles-ci n'aient pas à bénéficier des autres. Fournir aux étrangers un séjour agréable dans nos Alpes et les y retenir pendant l'été, n'est-ce pas le meilleur moyen pour assurer leur retour sur notre littoral pendant l'hiver ?

« Ce qui est inconcevable, s'écriait Padovani, c'est qu'ayant à nos portes toutes ces Engadines que sont les hautes vallées de nos Alpes, nous nous en allions chercher au loin, très loin, et à grands frais, des sites dont la beauté peut égaler celle des nôtres, mais non la dépasser. Mais pour qui ne voudrait tenir compte que du pittoresque des points de vue, de la diversité des paysages, de la fraîcheur et de la rusticité des sites et de cette musique reposante des forêts et des ruisseaux, point n'est-il nécessaire d'aller en Suisse. Les stations d'été de ce département réunissent toutes ces attractions. »

Dans un modeste travail publié en 1895, j'avais déjà signalé les avantages présentés par la station de Saint-Martin-Vésubie ; mais, plus désireux alors d'appeler sur elle l'attention du corps médical et des malades que de faire œuvre de vulgarisation, je m'étais particulièrement attaché à l'étude de son climat, à en préciser le mode d'action et à en tirer quelques enseignements pratiques.

J'ai cru utile aujourd'hui de compléter ma précédente étude par l'addition de notes historiques et chronologiques et d'un *Guide* permettant au touriste de s'orienter aisément dans ses excursions, rendues moins arides par l'exposé des particularités et des faits qui se rapportent à chacune d'elles.

Pour la partie historique, j'ai largement puisé dans l'ouvrage de Lazare Raiberti : *Aperçu historique sur le Sanctuaire de Notre-Dame de Fenestres et sur Saint-Martin-Vésubie*, publié en 1898. Il est regrettable que, dans ce travail si consciencieux, le seul que je connaisse écrit sur cette matière, l'auteur se soit parfois écarté de son sujet, au préjudice de la clarté. Quoi qu'il en soit, j'ai le devoir de rendre hommage à la persévérante ténacité dont l'auteur a fait preuve

dans les laborieuses recherches des précieux documents
qu'il a apportés à l'histoire de son pays natal.

J'ai également emprunté à divers autres auteurs
des fragments de leurs écrits sur Saint-Martin, et cela
je l'ai fait avec autant plus de plaisir que, couvert
de leur autorité, je ne puis encourir le reproche de
m'être montré partial. Que mon excellent ami D.
Durandy veuille bien me permettre de lui exprimer ici
tous mes remerciements pour les pages pleines d'hu-
mour qu'il a consacrées à Saint-Martin, dans son
remarquable ouvrage « *Mon Pays* ».

Dans la pensée d'avoir fait œuvre utile, j'ose espérer que *De sommets en aiguilles* rencontrera auprès de
ses lecteurs quelques bienveillantes sympathies.

EN ROUTE !

Placée à 60 kilomètres de Nice, à l'extrémité Nord-Est de notre département, presque à cheval sur la frontière franco-italienne, on accède à la station estivale de *Saint-Martin-Vésubie,* soit par la route de Levens, soit en empruntant la déviation dite du *Ciaudan,* qui, à la Vésubie, se détache de la ligne du chemin de fer du Sud pour desservir par tramway la vallée de la Vésubie.

Rien ne surpasse la beauté de ces voies si dissemblables entre elles par l'aspect du paysage, par le contraste frappant des sites, par tout ce qui peut plaire et séduire. La première, celle de Levens, depuis ce village jusqu'à *Saint-Jean-la-Rivière,* avec ses admirables points de vue changeant à chaque détour, escaladant hardiment la montagne à des hauteurs d'où le regard peut se perdre dans le lointain horizon qui fuit vers la mer, ou bien, dans ses rapides descentes, se heurter aux massifs imposants qui, vers le Nord, semblent barrer la vallée. C'est sur cette route, d'un pittoresque achevé, que la Société T. N. L. a établi la ligne de trams reliant Levens à Nice, tandis qu'à la Compagnie des chemins de fer Sud-France a été concédée l'exploitation des tramways de la Vésubie. L'utilisation de cette dernière constitue le seul moyen pratique de se rendre dans la vallée de la Vésubie, à moins qu'on ne préfère s'offrir le luxe d'un landau ou d'une automobile.

Je ne veux point faire ici un éloge outré des tramways de la Vésubie, dont l'exploitation a beaucoup à se faire pardonner, mais des améliorations très sensibles, tant de la voie que du matériel roulant, sont attendues ; leur réalisation modifiera considérablement les conditions du voyage, qu'elles rendront plus commode et plus rapide à la fois. C'est donc au tram que je confie ma modeste personne pour parcourir le trajet qui doit me conduire à la station estivale si vantée de Saint-Martin-Vésubie.

En quittant la gare de la Vésubie, la ligne du tram, après avoir longé la rive gauche du torrent, en gagne la rive droite et atteint bientôt le tunnel et la halte du *Cros*. Là, la vallée commence à se resserrer, le site à devenir sauvage; la route, creusée dans les flancs de gigantesques à-pics, suit pendant longtemps l'effroyable déchirure que les cataclysmes des premiers âges du monde ont faite dans la masse rocheuse. Rien n'est plus saisissant que ce spectacle grandiose et horrible à la fois. Ces gorges béantes, ces montagnes à parois verticales, stratifiées et profondément **lézardées**, qui, des côtés opposés, semblent vouloir **écraser le** passant sous leurs fronts inclinés, **étreignent l'âme** d'une indéfinissable émotion faite de **crainte et** d'attirante admiration.

Cette farouche nature s'adoucit pourtant par endroits où les sombres et étroits défilés s'évasent brusquement en de verdoyants bassins sillonnés par la capricieuse Vésubie. A 8 kilomètres environ du Cros, la montagne est percée d'une galerie longue de 300 mètres : c'est le tunnel de *Pagari*. Dès sa sortie, la route carrossable traverse la Vésubie, reçoit sur son passage celle de Levens pour aboutir à Saint-Jean-la-Rivière, tandis que la ligne du tram, poursuivant sa direction, ira rejoindre la précédente, après avoir à son tour, franchi le torrent à un kilomètre et demi plus en amont.

Saint-Jean, hameau de la commune d'*Utelle*, est un tout petit village situé au fond d'un gracieux amphithéâtre, dont quelques maisons étagées à flanc de coteau se dissimulent dans le gris argenté des oliviers pendant que d'autres s'alignent toutes blanches le long de la route.

Nous laissons derrière nous Saint-Jean et ne tardons pas à arriver à l'endroit où le Canal de la Vésubie prend l'eau qui va féconder le littoral et où l'embranchement desservant la commune d'Utelle vient s'amorcer au chemin de grande communication. Bientôt, de droite et de gauche, les montagnes se rapprochent et le fond de la vallée s'étrangle au point de livrer un passage à peine suffisant à l'eau du torrent et à la route taillée en encorbellement dans le roc : c'est le *Pas des Sorcières*. Une batterie, excavée dans la roche vive au pied de laquelle la Vésubie mugit furieusement, défend de ses pieux de fer et du canon les deux côtés de la route. Le tram ralentit alors sa marche jusqu'à la sortie du défilé et, en peu de temps, au milieu d'une vaste prairie, apparaît la saulaie du *Suquet*, tout près de l'origine de la route qui dessert le hameau de *Pélasque*, naissante station cachée dans le vert moutonnement d'une épaisse châtaigneraie.

Nous reprenons notre course progressivement ralentie par la déclivité de la voie. Cinq kilomètres plus loin, nous atteignons les abords de *Lantosque,* dont la vieille église se dresse en grise silhouette sur un rocher abrupt. Un nouveau défilé semble nous barrer le passage ; avant de s'y engager, la route départementale rejoint la rive gauche, tandis que la ligne du tram, poursuivant sa direction, gravit hardiment la côte pour atteindre le tunnel qui précède l'entrée du village. Sur son parcours, elle domine la route qui dessert la commune. Au fond de la gorge, un vieux pont abandonné, tout mangé par la mousse et les lierres, pourrait nous dire combien de générations de voyageurs, se rendant à Nice par l'Escarène, ont passé autrefois sur son dos, avant l'établissement de la route de Levens. Le tunnel franchi, on est à la gare de Lantosque. Ici, les changements d'aiguillage pour des wagons à prendre ou à laisser nécessitent souvent de longs arrêts ; il faut s'y soumettre et attendre avec résignation la fin de la « manœuvre ».

Nous mettons à profit notre stationnement pour charmer notre vue du pittoresque tableau qu'offrent les façades rougeâtres des maisons accrochées au rocher de *Saint-André,* longeant le *Rio,* affluent de la Vésubie.

La patrie de *Carlo Passeroni* est devenue, depuis quelques années, une résidence estivale très recherchée, tant à cause de la douceur de son climat et de l'abondance des produits de son sol, que de l'affabilité de ses habitants.

On repart enfin et le chemin se poursuit dans des terrains gypseux et glissants, soutenus par de nombreux épis. Nous admirons en passant le coquet village de La Bollène, assis sur un verdoyant mamelon ; aussi loin qu'elle peut s'étendre, la vue plane sur la riante oasis de verdure que baigne la Vésubie. Le pont de *Mirail* franchi, nous retrouvons la route départementale que nous avions quittée avant d'arriver à Lantosque et qui désormais, restera accotée à la ligne du tram jusqu'à Saint-Martin.

Un kilomètre de marche et nous stoppons à la gare de La Bollène, non loin de la route qui dessert ce village et du pont jeté sur la *Planquette,* petit cours d'eau tributaire de la Vésubie. Après un léger contour, la voie s'ouvre dans des terres soigneusement cultivées, peuplées de nombreux arbres fruitiers. Nous saluons sur notre passage une vieille chapelle désaffectée, seul vestige qui subsiste de *Gordolon,* village aujourd'hui disparu. Nous atteignons sans tarder la *Gordolasque,* affluent important de la Vésubie, qui, prenant son origine dans les hauts sommets du mont Colomb et du Clapier, arrose le terroir de Belvédère et fournit l'énergie à une scierie établie à proximité de la route. Quelques minutes encore, et nous voici à *Roquebillière,* chef-lieu de canton, comptant dix-neuf cents habitants environ. La petite place de la gare est fort animée, l'arrivée du tram étant toujours une attraction, un événement pour les gens désœuvrés de l'endroit.

Le wattman prévient les voyageurs que le tram va manœuvrer : nous savons par expérience que cela signifie trois quarts d'heure d'arrêt. Cette attente nous donne le loisir de songer aux tristes péripéties traversées par Roquebillière, que le regretté A. Musso a

LANTOSQUE

décrites dans l'excellente monographie chronologique qu'il a consacrée à sa ville d'adoption.

Notre regard, se portant sur la rive droite, cherche en vain sur le *Caïre del Mel* les vestiges du village qu'un tremblement de terre survenu en 556 aurait détruit de fond en comble. Réédifié un peu plus en aval, dans un repli de la montagne qui paraissait lui conférer toute immunité contre les caprices violents de la Vésubie, ce bourg a été réduit à néant par une crue torrentielle dont l'église seule sortit indemne. Roquebillière fut alors reconstruite sur la rive gauche, à l'emplacement même qu'elle occupe aujourd'hui et où des ouvrages de protection ont été établis.

Un coup de sifflet signalant le départ détache nos pensées de ces attristants souvenirs. Au sortir du village, nous laissons à droite le chemin muletier et la route qui conduisent à la ravissante station de Belvédère. Le tram grince sur la voie sinueuse pour s'arrêter au bout de deux kilomètres à la gare de *Berthemont-les-Bains*. Ici, l'état de la végétation fixe nettement le point où le climat de montagne commence à exercer son action : plus d'oliviers, disparus aussi la vigne, les figuiers, les pêchers. Le pont du *Spagliart* franchi, on entre dans la vallée de la haute Vésubie par un couloir taillé à même la montagne et d'un aspect sévère. En face de nous, sur la rive opposée, la masse sombre de la forêt du *Siruol* s'allonge, creusée de gorges profondes, soutenue à sa base par des rochers aux formes fantastiques, à travers lesquels le Canal du *Caire* se fraie un passage pour aller irriguer une partie du terroir de Roquebillière. Successivement, nous franchissons les vallons du *Cogn*, de la *Moselle,* de la

Balma, des *Châtaigniers,* du *Villars* et du *Touron,* qui, tous, se **déve**rsent au fond de la vallée tantôt enserré, tantôt ouvert en cirque du plus gracieux effet.

Nous approchons du terme de notre voyage ; déjà quelques villas paraissent au loin, imprécises, haut perchées; des groupes de villageois ragagnant leurs demeures après le dur labeur de la journée se garent à notre passage : quelques secondes encore et le clocher de l'église paroissiale, qui se détache sur le saphir sombre du soir, semble saluer notre arrivée.

Je laisse à la plume alerte de l'auteur du *Voyage en France* le soin d'introduire le voyageur dans Saint-Martin, la reine incontestée de nos stations estivales.

« La nuit tombe, dit M. Ardouin-Dumazet, on devine de beaux arbres, des prés, des parcs, des villas autour d'une petite ville que la route contourne pour monter sur une place ombragée, remplie de promeneurs élégants. C'est Saint-Martin-Vésubie, le grand centre estival où Niçois et Marseillais viennent en nombre de plus en plus grand passer les mois chauds. Le paysage tient à la fois de la Suisse et de l'Italie; de la première par les balcons de bois, les auvents et le pittoresque entassement des hautes constructions qui longent le torrent de la Madone des Fenêtres; de l'Italie par le ciel pur, les grands châtaigniers, les couleurs riantes des maisons modernes peintes à la fresque. »

Saint-Martin-Vésubie

Vu des hauteurs environnantes, Saint-Martin emprunte la forme d'une grosse larme roulée du mont *Piagù* sur un lit de verdure qu'arrosent à l'Est et au couchant le capricieux torrent de la *Madone* et le *Borréon*. Des escarpements abrupts ceignent le côté oriental de la ville, tandis que son côté occidental, posé sur un sol plat et, par conséquent, d'un abord facile, est entouré de murs élevés qui, dans les temps reculés, devaient la protéger contre un coup de main ennemi. Quatre portes donnaient accès à l'intérieur : une seule, celle dite de *Sainte-Anne*, a résisté aux injures du temps et a échappé au marteau démolisseur. L'extension de la ville a fait disparaître les trois autres portes dont une occupait l'emplacement de l'ancien abattoir, une deuxième était située près de la place du *Marché* et la troisième barrait cette même place du côté Nord.

Les remparts, dont l'existence remonte à six siècles, sont, de nos jours, réduits à de simples vestiges qui laissent à peine soupçonner le rôle important qu'ils avaient à remplir.

Une rue principale divise de long en long le village; des artérioles s'en détachent pour se diriger vers le côté Ouest; elles consistent en de nombreuses ruelles étroites et tortueuses, vrais boyaux ou labyrinthes, par lesquels les assiégés pouvaient se porter rapidement aux remparts et repousser l'agresseur ; la partie Est, de beaucoup la plus populeuse, est desservie par des rues plus spacieuses et aérées. C'est par elles que l'on va à la place de la *Frairie* et à celle de l'église paroissiale où, aux temps inconnus par l'intrigue, la corruption et par la perfidie du bulletin de vote, la population acclamait les administrateurs de la commune et délibérait dans les circonstances solennelles.

De bout en bout de la ville court un canal dont la création remonte à cinq siècles; il sert, en été, au lavage de la rue et, en hiver, à charrier les neiges qui l'encombrent. Ce canal, ainsi que le pavage caillouté, ont été partiellement remplacés, en ces dernières années, par un caniveau et un dallage de granit. Espérons que l'après-guerre verra le parachèvement de l'œuvre commencée, au grand avantage de l'hygiène et de l'esthétique.

Les noms des rues et places de Saint-Martin sont des plus banals et je ne pense pas qu'on puisse taxer de snobisme l'acte de leur substituer des appellations rappelant à nos petits enfants l'épopée glorieuse et sanglante à laquelle leurs ancêtres ont pris part.

Sur la place Félix-Faure se dresse, convenablement restaurée, la mairie aux énormes piliers de granit soutenant des arcades et dont le fronton a été récemment orné d'une horloge lumineuse. Il est à regretter que, pour donner plus d'ampleur à la place, on n'ait pas songé à construire l'édifice communal plus en retrait.

L'église paroissiale remonte au XIIe siècle; conçue suivant le style gallo-roman; elle a, par suite de modifications apportées vers la fin du XVIIe siècle, perdu le cachet primitif dont les nefs latérales conservent seules des vestiges. Les visiteurs friands d'antiquité peuvent admirer, dans la sacristie, deux dyptiques, une croix tréflée aux émaux translucides et une chape en velours de Gênes. Ces objets datant du XVe siècle et la millénaire statue de la Vierge de Fenestres, classés comme monuments historiques, constituent toute la richesse de la paroisse.

La chapelle de la Miséricorde, sise sur la Place Vieille, qui était, dit-on, l'ancienne église paroissiale, n'offre rien de particulier, si ce n'est sa vétusté et son état de délabrement.

Près de la place du Marché s'élève la chapelle des Pénitents blancs, dédiée à la Sainte-Croix. De grands tableaux, représentant des épisodes de la Passion du Christ, tapissent les murs ; les personnages mis en scène sont des portraits dont les originaux ont été fournis par certains habitants de la localité. Ces peintures datent de la Grande Révolution.

Sous le maître-autel, un sépulcre en bois laqué blanc, avec dorures, renferme en taille naturelle le corps du Crucifié. Quatre anges tout penauds, tenant en mains des instruments de supplice, sont accrochés aux angles de la châsse. Un berger du cru a, dit-on, taillé dans un billot de bois cette œuvre originale et d'une primitive naïveté.

Trois bas-reliefs ornent la façade de la chapelle, représentant : celui du milieu une *Mater dolorosa* ; à gauche, Constantin le Grand apercevant dans le ciel le signe qui lui promet la victoire ; à droite, Sainte

Hélène découvrant la vraie Croix. Ces bas-reliefs sont d'assez belle facture et leur mérite n'en serait que grandi si l'artiste Parini n'avait pas affublé le vainqueur de Maxence d'un costume Henri IV.

Un gracieux campanile, surmonté d'une coupole de métal blanc qui lui prête un faux air oriental, complète l'édifice.

Le palais de Gubernatis est loin de justifier le nom pompeux dont il est gratifié. Il se compose d'un corps de bâtiment construit en pierre de taille et soutenu par une arcade surbaissée. Les maisons qui lui sont contiguës et qui jadis faisaient partie de cette demeure seigneuriale, ont été modifiées à un point tel que plus rien n'indique aujourd'hui qu'elles aient formé avec la partie centrale un tout homogène. Je doute fort qu'un bourgeois aisé, de nos jours, s'accommodât d'une habitation qui, par son escalier exigu et sombre et le dénivellement de ses pavés, est loin d'offrir une commodité quelconque, et bien moins encore le plus léger confort.

A cent mètres du village, sur un petit plateau qui domine le chemin de la Madone, l'hôpital Saint-Antoine chauffe sa fraîche façade rose au soleil du Midi. Un vaste jardin potager avec verger l'entoure.

La fondation de cet établissement, en 1887, est due à Mme la Marquise de Serravalle, qui, après lui avoir sacrifié une partie de son avoir, en fit don à la commune, avec l'obligation pour celle-ci de payer au Crédit Foncier de France les sommes qui lui restaient encore dues. Des plaques commémoratives placées dans le vestibule de l'hôpital perpétueront le souvenir de cette libéralité et le don de 40.000 francs fait en 1908 par Mlle Elisabeth Paquet.

L'établissement peut recevoir une quinzaine de pensionnaires. Parfaitement tenu, la direction en est confiée aux Sœurs de la Congrégation de Saint-Joseph d'Estaing, qui, par leur dévouement inlassable et leurs soins, trouvent le moyen de convertir en un asile consolateur ce lieu d'affliction et de désespérance.

La municipalité a doté en ces derniers temps l'hôpital communal de l'éclairage électrique, du chauffage central, d'une pharmacie de secours et de deux annexes où sont installés les bains-douches.

Je crois avoir cité tout ce qui peut piquer la curiosité du visiteur ; c'est bien peu, en vérité, mais on fera grâce à Saint-Martin de ne pouvoir mettre en montre ni monuments ni œuvres artistiques, à lui qui met uniment sa fierté à étaler les magnificences de ses cimes altières et les beautés de ses sites enchanteurs.

NOTA. — Pour plus amples renseignements concernant les conditions de séjour et les moyens d'accès, s'adresser à la *Fédération des Syndicats de la Côte d'Azur*, 12, rue de l'Hôtel-des-Postes, à Nice.

Notions Géographiques

Si nous envisageons cette station au point de vue topographique, nous la voyons assise sur un plateau légèrement incliné vers le Sud, constitué par les détritus glissés du Piagù qui, avec les *Arcias* et le *Belletz*, le protège efficacement contre les vents du Nord. Ce plateau domine, en outre, le torrent de Fenestres et du Borréon, dont les eaux limpides et argentées l'embrassent dans leurs capricieux méandres à travers de riantes prairies émaillées de fleurs.

Grâce à cette configuration du sol et à sa constitution, les eaux pluviales et d'arrosage ne font que traverser les couches du vaste plateau, dont une faible partie sert d'assiette à l'habitat, et vont, comme par des émonctoires naturels, se confondre avec celles des torrents.

Le bassin qui me paraît répondre à l'établissement d'une station affecte grossièrement la forme d'un triangle exhaussé en son milieu ; son sommet, dirigé vers le Sud et tronqué, s'abouche à la vallée de la Vésubie et s'arrête au point où le *Touron* se jette dans la Vésubie. Les angles opposés à ce sommet et également tronqués se dirigent vers le Nord; celui du N.-O. pour former le point de départ de la vallée du Borréon et celui du N.-E. pour constituer le commencement de celle de Fenestres; celui-ci s'arrête un peu au-dessus de la région *Saint-Antoine* et le premier à la partie supérieure de la région dite *Quonos*, là où le torrent descendu du Collet déverse ses rares eaux dans le Borréon.

Les côtés de cette surface triangulaire sont formés par les bases de diverses montagnes dont les flancs doucement ondulés pour quelques-uns, et recouverts d'une luxuriante végétation, s'élèvent progressivement jusqu'à des hauteurs imposantes, en offrant à l'observation et à l'étude toutes les manifestations de la nature que l'on rencontre dans la région moyenne jusqu'aux points où le sol se refuse à toute végétation.

LIMITES. — Les montagnes qui bornent ce gracieux amphithéâtre sont : au Nord, le *Piagù* et son éperon précédemment mentionné, qui, dirigé du N.-E. au S.-O., sépare la vallée de Fenestres de celle du Borréon.

Sur un plan plus reculé, on voit un massif aux formes étranges, dont la crête, capricieusement dentelée, présente plusieurs points culminants, qui sont, de l'E. à l'O., les Arcias, le *Caïre*, *Fourcià*, les Belletz et *Nanduebis*.

Plus loin encore, une autre chaîne embrasse la précédente et ne lui cède en rien sous le rapport de l'importance et du grandiose. Parmi les pics qui en émergent sont dignes de mention : *le Caïre de l'Agnel*, le *Mercantour*, les *Roghès*, *Naùceta* et *Fremamorta*.

A l'Est, la Palù qui, faisant suite à *Fouons-Freja* (2.337 m.), s'abaisse insensiblement jusqu'au vallon *Spagliart*, après avoir donné naissance dans son parcours vers le Sud, au *Caïre de la Palù*, contre lequel s'exerce de préférence la rage impuissante de la foudre, et à un prolongement qui s'avance vers le fond de la vallée et l'étrangle, à l'embouchure du *Touron*.

A l'Ouest, le bassin est borné par un groupe de montagnes qui, du N. au S., sont le *Pepoïri supérieur* (2.675 m.), *Pepoïri inférieur* (2.605 mètres), le *Baùs de la Frema* (2.248 m.), le *Col Saint-Martin* (1.508 m.), le *Conquet* (1.782), la *Colmiane* (1.804 m.), et enfin le *Suc-des-Espivols* (1.782 m.), sur le prolongement duquel est bâti le pittoresque village de Venanson.

Au Sud, le *Siruol* (2.015 m.), qui se dirige vers le S.-E., et que l'on pourrait aussi appeler *Pic du Midi*, sa plus haute pointe se trouvant assez exactement au méridien de Saint-Martin. Cette montagne fait partie d'une chaîne qui dessine par un gracieux contour un cirque spacieux dont le fond baigné par le *Rio de Venanson*, offre par la teinte éclatante de son gazon un contraste frappant avec le vert sombre des forêts environnantes et l'aspect grisâtre des roches dénudées qui forment le front des montagnes. Les élévations constituant cette chaîne sont du S. au N. : le *Tournairet* (2085 m.), la *Combe* (1975 m.), la *Cialancia* (2098 m.), la *Tête de Clans* (2076 m.) et le *Caïre Gros* qui rattache la chaîne à la *Colmiana* (2109 m.)

CONSTITUTION MINÉRALOGIQUE. — Le granit constitue la base des montagnes qui forment la barrière Nord et de la Palù : là, il affecte toutes les variétés : tantôt, en effet, les roches sont feldspathiques, tantôt elles contiennent du talc (protogynes) remplacé autrefois par le mica : ailleurs enfin, comme dans la vallée de

Salèzes, le kaolin entre en abondance dans leur formation.

Quant aux montagnes qui forment la limite Ouest, elles sont, depuis la limite supérieure du *Conquet* jusqu'à sa limite inférieure, à base de carbonate de chaux.

Cours d'eau. — Le torrent de Fenestres qui, prenant sa source au petit lac situé au pied du col de Fenestres, serpente d'abord du N. au S. à travers une épaisse futaie d'arbres résineux ; il fléchit ensuite à l'O. pour reprendre enfin sa course vers le S. et, après un parcours de quinze kilomètres environ ,il arrive au pied de Saint-Martin où il reçoit les eaux limpides et plus abondantes du Borréon.

Le Borréon (1) : Les lacs *Bessons,* celui de *Très-Colpas* et la région voisine du Caïre de l'*Agnel* lui donnent naissance. Ce torrent coule d'abord vers le S. O., il se dirige ensuite vers l'O. jusqu'au point où ses eaux se précipitent d'une hauteur de 40 mètres et plus pour former la superbe cascade de la *Ciriegia* et reçoivent celles du vallon de *Salèzes* ; il se redresse après vers le Sud et il accentue cette direction jusqu'à sa rencontre avec le torrent de Fenestres où ils constituent par leur fusion la *Vésubie* proprement dite.

Chacun de ces cours d'eau reçoit des affluents nombreux, mais presque tous sans grande importance ; cependant, à la suite de fortes pluies, le volume d'eau

---

(1) Bien que le nom Borréon se trouve écrit avec un seul *r* dans les cartes des états-majors français et italien, je me crois autorisé d'employer la double consonne par l'étymologie que je lui attribue de *Boréas* et *reo* (je coule du Nord).

augmente tellement qu'en peu de temps, Fenestres, Borréon et Vésubie ravagent les tapis de verdure qu'ils avaient fait éclore sur leurs bords.

Le volume d'eau débité par le Borréon est, au mois de juin, de 8.000 litres à la seconde. Au moment de ses basses eaux compris entre la mi-décembre et le commencement de mars, le débit est réduit à 500 litres.

Le torrent de Fenestres fournit comme débit maximum 6.964 litres à la seconde pour un minimum de 350 litres.

Le jour viendra où ces forces hydrauliques seront utilisées pour les besoins de l'industrie. Il est possible de prévoir dès maintenant les avantages que la commune de Saint-Martin et le Département pourront tirer de l'emploi de cette houille blanche, mais il ne faudrait pas, d'autre part, que Saint-Martin devant son charme et sa fécondité à l'abondance de ses eaux fût sacrifié dans l'esthétique de ses paysages et lésé dans le rendement de son sol.

VÉGÉTATION. — Dans l'appréciation des éléments constitutifs d'un climat, il ne faut point négliger les influences exercées par l'état de végétation ou de dénudation du sol. On sait que la présence des forêts abaisse la température maxima et élève la température minima d'une région. Cela tient à ce que l'échauffement et le refroidissement s'exécutent d'une manière plus lente et plus uniforme. Les forêts diminuent donc les écarts entre les températures extrêmes du milieu, le garantissent contre les excès des perturbations atmosphériques et régularisent les pluies. A Saint-Martin, l'écart entre les températures minima et maxima pour toute l'année n'excède jamais 35 à 36 degrés centigrades.

Dès lors, il n'y a pas à s'étonner si la température est constante dans cette localité et les orages peu fréquents.

C'est qu'en effet, Saint-Martin ne possède pas moins de 3.519 hectares de bois touffus d'essences résineuses. Le *mélèze, l'épicéa, le pin sylvestre* et le *sapin* y atteignent une taille gigantesque. Ajoutons à cela les massifs de châtaigniers séculaires qui couvrent le fond de la vallée, garnissent les flancs des montagnes et ne s'arrêtent que là où le cytise à grappes jaunes et les coudriers servent de sentinelles avancées aux majestueux conifères.

Dans les clairières, vrais tapis de verdure et de fleurs aux délicats reflets, paissent de nombreux troupeaux de vaches dont les joyeuses sonnailles éveillent les échos des forêts.

Mais, outre les influences qu'ils excercent sur les conditions climatériques, les bois ont encore une action directe sur l'organisme humain. On connaît l'échange merveilleux qui s'accomplit dans l'acte de la respiration des plantes et qui fournit à l'homme l'oxygène si indispensable à son existence. C'est lui qui stimule les fonctions organiques et donne à l'économie la vigueur que l'on chercherait en vain là où par inconscience du mal que l'on provoque ou par négligence des intérêts les plus vitaux, la hache a ravagé les forêts *purificatrices* du sol et de l'atmosphère.

La flore de Saint-Martin est d'une extrême richesse : aussi, la Société botanique de France a tenu le 26 juillet 1910 dans cette localité, son Congrès annuel auquel ont pris part de nombreux savants de nationalité étrangère. Le bulletin qu'elle a publié sur ses travaux ne laisse aucun doute sur la riche moisson réservée aux botanistes dans ces parages privilégiés. M. Auscher l'a hautement proclamé en écrivant « Parlerai-je des fleurs de la montagne ? Sait-on assez que c'est là que vivent le plus grand nombre d'espèces de fleurs; que là-haut une flore différente de celle des plaines rivalise avec les créations les plus laborieuses de nos horticulteurs ? Je sais, pour ma part, que rien au monde ne remplit mes yeux d'admiration et mon âme de joie comme l'aspect de ces plaques florales dont sont émaillées les prairies d'en haut. Nulles couleurs ne valent le bleu profond et pénétrant des gentianes, le bleu éclatant des myosotis, le rose éblouissant des silènes-nains, le jaune flamboyant des trolles et le blanc si pur des narcisses. »

Eaux potables et minérales. — Saint-Martin abonde en sources excellentes d'eau potable; celles de *Quonos* et du *Vernet* alimentent la ville. La première, captée en 1842, a donné des résultats très satisfaisants à l'analyse faite par le chimiste Vérani, de Nice, mais ne pouvant donner satisfaction aux besoins immédiats de la population toujours croissante en été, la Municipalité décida d'urgence le captage et la canalisation de la source du Vernet qui pouvaient être rapidement menés à bonne fin et sans trop grande dépense. Le Conseil municipal votait presque en même temps l'adduction de la source dite *Serra-Cremaù* dont les qualités avaient été, comme celles du Vernet, reconnues excellentes par M. Geneuil chef du laboratoire de la ville de Nice, qui a formulé les conclusions suivantes : « L'eau de Serra-Cremaù est limpide, fraîche et douée d'une saveur agréable. En raison de l'enquête géologique et des examens chimique et bactériologique, nous pouvons conclure que cette eau est d'excellente qualité. » L'exécution de ce projet entravée par les hostilités fera sans doute l'objet de toute la sollicitude des édiles, lorsque les circonstances le permettront.

Dans le vallon de la *Peira del Villar*, il existe plusieurs sources sulfureuses froides ; le défaut de thermalité est dû sans contredit au mélange de leurs eaux avec celles du vallon lui-même qui en diminuent en même temps le degré de minéralisation. Je suis persuadé qu'un captage bien compris pourrait les rendre tout à fait identiques à celles de *Berthemont-les-Bains*, car il y a fort à supposer que les unes et les autres émergent du même point de la région.

On cite aussi des sources ferrugineuses au N. O. de Saint-Martin, dans la région du *Ciastel* : mes investigations à cet égard ont été infructueuses.

TEMPÉRATURE. — A côté des influences telluriques, il y a à tenir compte des températures : ce sont elles qui constituent l'élément essentiel d'un climat, car elles sont pour ainsi dire la résultante de toutes les conditions que j'ai considérées et dont j'aurai à m'occuper.

Le tableau suivant permettra de prendre immédiatement connaissance des températures et des autres phénomènes météorologiques relevés à Saint-Martin pendant une période ininterrompue de 10 ans.

MOIS	Temp. moyenne du mois	Temp. moyenne de la saison	Pression barom moyen. du mois	Pression barom moyen. de la saison	Journées de beau temps	Journées nuageuses	Journées variable	Pluie	Vent	Orage
			m/m	m/m						
Du 15 au 30 juin	16.3		679	681	10	2	1	2	»	1
Juillet......	18 1		677		20	5	1	4	1	1
Août	17.7	16.6	688		81	4	2	7	1	2
Sepembre..	14.7		688		21	3	»	6	1	1
Du 1 au 15 oct.	13 5		686		12	»	2	1	»	»
Totaux.	»	»	»	»	81	14	6	20	3	5

Il convient de remarquer que les températudes ci-contre, données comme températures moyennes de chaque mois, ont été obtenues par la moyenne des maxima et minima hémérales; de plus, que l'amplitude des oscillations nycthémérales ne dépasse point 8 à 10 degrès centigrades.

Si maintenant nous prenons la moyenne des trois observations diurnes faites à 7 heures et demie du matin, à midi et à 7 heures du soir, nous trouvons que la température moyenne du mois est sensiblement plus élevée et que celle de la saison atteint les niveaux dont jouissent les stations estivales les plus privilégiées.

En outre, les oscillations hémérales ont entre elles plus d'uniformité, à tel point que l'écart entre celle du matin et celle de midi n'excède jamais 3,5 à 4

SAINT-MARTIN-VÉSUBIE

BERTHEMONT-LES-BAINS

degrès; la température du soir tient le milieu entre les
précédentes.

MOIS	moyenne Temper. du mois	Temper. moyenne de la saison
Du 15 au 30 Juin......	16 6	
Juillet............ ..	18.9	
Août	18.9	17
Septembre	16.8	
Du 1er au 15 Octobre..	14.9	

On conçoit tous les avantages qui résultent de
cette uniformité, grâce à laquelle les malades se trouvent constamment à l'abri des complications ou des
accidents susceptibles de compromettre la guérison.

Il m'a paru intéressant pour le médecin de savoir
si, à l'instar de ce qui se pratique dans certaines stations hivernales, il y avait avantage ici à conseiller
à un maláde atteint d'une affection des voies respira-
toires, de coucher dans une chambre dont les fenêtres
seraient, nuit et jour, tenues ouvertes.

Des observations soigneusement prises, il résulte
que la température maxima d'une chambre exposée au
Nord, les vitres ouvertes et les persiennes closes, était
de 20,2, tandis que la température extérieure était de
23,8 degrès. En outre, la température minima était de
17 degrès dans la chambre, lorsque le thermomètre
accusait une minima de 14,8 au dehors.

Or, d'un côté, la température minima de cette chambre bien qu'exposée au Nord me paraissant fort accep-

table, et, d'autre part, l'écart existant entre les températures maxima et minima n'excédant pas 3,2 degrès, j'estime qu'il y a lieu d'adopter à Saint-Martin une pratique qui permet d'obtenir dans toute sa pureté ce qui a été appelé le *pain de la respiration*.

Le premier tableau permet aussi de compter les journées médicales auxquelles les valétudinaires et les malades peuvent, selon toute probabilité, s'attendre pour se livrer aux promenades dont l'action aide si puissamment les autres moyens curatifs.

Vents et brises. — L'examen que j'ai fait de la position topographique a déjà fait pressentir l'immunité presque absolue dont Saint-Martin jouit à l'égard des vents.

C'est qu'en effet, grâce à la double ceinture de montagnes qui l'entoure du côté Nord, cette station se trouve entièrement à l'abri des courants atmosphériques qui soufflent de ce côté.

Les chaînes qui la bornent à l'Est et à l'Ouest la protègent contre les vents de même nom.

Quant au Sud, elle est garantie par le Siruol contre lesquels viennent se briser les vents maritimes; c'est à lui que Saint-Martin doit sa caractéristique de climat de montagne.

Pendant la période de 122 jours, trois fois à peine, j'ai pu constater des vents assez impétueux.

Ce que je viens de dire pourrait de prime abord laisser supposer qu'aucun souffle ne se lève jamais pour tempérer la chaleur du jour. Il n'en est rien ; les torrents de Fenestres et du Borréon déterminent déjà par eux-mêmes une certaine ventilation. Mais il existe encore une brise du matin et une brise du soir, dont les raisons semblent sensiblement analogues à celles qui expliquent les brises soufflant de la mer à la côte et vice-versa.

Les montagnes que j'ai dit se trouver au nord de Saint-Martin sont par leur mode d'orientation, par la composition de leurs roches et par leur entière dénudation, plus aptes à subir l'influence des rayons solaires que le fond de la vallée recouvert par une plus grande quantité de vapeur d'eau et plus capables également de s'échauffer que les autres élévations qui sont dirigées du Nord au Sud, boisées et dont la constitution minéralogique est différente.

De cet état de choses il résulte que l'air qui enveloppe les masses granitiques de la barrière Nord s'échauffe, monte en formant un courant ascendant et il est remplacé par l'air plus froid arrivé des autres points, surtout de la vallée. Ce déplacement constitue la brise du matin qui se lève vers 10 heures.

Le soir, la puissance de radiation entre en jeu : ces mêmes montagnes se refroidissent plus rapidement, d'où abaissement de température des couches atmosphériques qui les entourent et par conséquent, déplacement en sens inverse. La brise coule alors vers le Sud : c'est la brise du soir, moins accentuée que celle du matin : vers cinq heures, le calme est rétabli.

J'ajouterai que les vents du Nord apportent habituellement le beau temps; ceux du N. O. et du N. E. la pluie et les orages. Les vents de l'O. et du S. O. nous donnent une pluie fine, ceux de l'E. sont les plus rares.

C'est un signe probable de pluie, lorsque par un temps calme, des nuages s'amassent sur le Siruol et sur la Colmiane. Un ciel découvert et bien pur du côté de Caïre Fourcià présage le beau temps.

ORAGES. — Plusieurs raisons expliquent leur peu de fréquence. D'abord, l'air ambiant étant assez riche en vapeur d'eau, le fluide atmosphérique trouve en lui un assez bon conducteur pour se répandre lentement et sans secousse dans le *réservoir commun*. En outre, les arbres résineux qui couvrent les flancs Nord des montagnes établissent un épais rideau où viennent s'arrêter les nuages chargés d'électricité, enfantés dans ces hautes régions.

Cette marche assez régulière des nuages explique pourquoi le bassin de Saint Martin peut jouir d'un ciel pur, même lorsque des nuages flottent sur les sommets qui le ceignent de toutes parts. Telle est encore la raison pour laquelle la foudre ne vient jamais exercer sa terrible puissance dans la vallée, mais qu'elle choisit de préférence les points élevés de la Palù et du Suc-des-Espivols : c'est que là encore l'influence protectrice des forêts ne se fait pas sentir, ces sommets en étant dépourvus.

ALTITUDE. — Saint-Martin est à 967 m. au-dessus du niveau de la mer. Je n'ai rien de particulier à signaler sur l'influence de son altitude car elle ne constitue point à elle seule la caractéristique de ce climat et attendu que son action est subordonnée à toutes les modifications qui peuvent lui être imprimées par les autres circonstances que j'ai étudiées.

Il me sera pourtant permis d'affirmer que, si un climat est défini par les productions de son sol, on ne saura refuser le qualificatif de *climat de montagne* à cette localité où le soleil n'a jamais mûri une grappe de raisin et où l'arbre emblème de la paix ne possède que deux ou trois représentants de son espèce.

Pression atmosphérique. — La pression atmosphérique pour chaque mois, ainsi que la pression moyenne pour la saison figurent dans le premier tableau.

Emploi thérapeutique et

prophylactique du climat

J'ai dit dans les pages qui précèdent que Saint-Martin devait par son altitude, être classé parmi les climats toniques et vivifiants. Son emploi thérapeutique et prophylactique relevant de tout ce que j'ai énoncé sur sa température, élément dominant, et sur les autres agents qui définissent un climat, il est aisé de conclure à son utilité toutes les fois qu'on a pour but de relever les forces vitales en favorisant le travail de la nutrition.

D'une manière générale, on peut affirmer que toutes les maladies éclosent ou se développent avec autant plus de facilité qu'elles rencontrent un terrain mieux préparé. A toutes on peut appliquer les principes que M. Hermann Weber, de Londres, avait formulés pour les maladies microbiennes. « Ce qu'il faut, dit-il, c'est reconstituer l'organisme pour 'qu'il puisse lutter avec avantage. L'essentiel est de soutenir l'état général et d'augmenter les forces du malade par le régime et l'hygiène. Je regarde le climat non comme spécifique ou à cause de l'immunité qu'on reconnaissait jadis à certaines régions, mais à cause des avantages qu'offrent certains climats pour améliorer la nutrition et fortifier l'organisme entier. Je ne citerai comme exemple que le climat de montagne. »

Il découle de ce qui précède que les maladies justiciables du climat de Saint-Martin sont surtout celles où les fonctions d'assimilation et de désassimilation sont en état de souffrance, sans être trop profondément altérées. Souverain dans le stade prodromique de la tuberculose, de l'anémie, quand l'organisme est incapable de réagir par lui-même, ce climat peut donner le coup de fouet salutaire qui aide à rétablir l'équilibre. Ne lui demandons pas plus que ce qu'il peut tenir : d'exiger, par exemple, de lui la restauration de l'édifice branlant ou le renflouage du navire qui sombre : son mode d'action est trop brusque, j'allais dire trop brutal, pour exercer une influence en rapport avec la situation. Bien au contraire, dans cet air fortement ozonisé, les organes subiraient un surcroît de travail qui ne pourrait qu'en hâter l'usure.

Bien que se manifestant d'une manière moins apparente, la part revenant au climat de Saint-Martin comme agent prophylactique n'est pas moins réelle. Il existe pour les maladies des causes prédisposantes ou diathèses, capables de transmettre aux descandants des affections identiques ou transformées. Parmi ces causes, l'hérédité occupe un rang important par la tendance qu'elle possède à léguer à un nombre indéfini de générations, des germes morbides aussi bien que certains caractères physiques ou moraux. Qui expliquera jamais le travail mystérieux qui s'opère dans la cellule au moment où elle s'ouvre à la vie !

Ce que je viens de dire des principes nocifs transmis par atavisme trouve son application à tous ceux acquis en dehors de cette influence et dus soit à l'ambiance, soit aux causes qui, dans les conditions ordinaires de l'existence, peuvent les faire éclore.

On comprend, dès lors, toute la nécessité qu'il y a à conjurer ces prédispositions héréditaires ou acquises en plaçant le sujet dans des conditions défavorables au développement des germes ou en fournissant à l'organisme des moyens de défense pour le rendre moins accessible à la maladie.

J'ajouterai enfin que le climat de Saint-Martin constitue un puissant auxiliaire des agents médicamenteux et des autres modes de traitement ordinairement employés.

CONSIDÉRATIONS

On a dit quelque part que de nos jours les malades se déplacent *trop* ou *mal*. Je me range entièrement de cet avis et reconnais que les facilités de locomotion et les exigences de la mode contribuent dans une large mesure à des déplacements souvent innopportuns. Je comprends que, dans leur légitime impatience, les malades se hâtent de quitter un séjour dont ils désespèrent de bénéficier, pour gagner un climat qui semble leur promettre la santé. Mais je ne puis admettre que ce changement de résidence s'effectue à la légère. Il est indispensable avant tout de connaître les conditions de toute nature qui seront offertes par la localité choisie comme séjour temporaire.

Rien ne doit être négligé; la topographie, la climatologie de l'endroit, l'exposition et l'orientation de la maison à habiter, ses abords, les heures favorables pour les sorties, et par dessus tout, l'opportunité d'un déplacement doivent être minutieusement étudiés, discutés et prudemment résolus.

C'est pour avoir failli à ces préceptes élémentaires que certains malades ont eu à essuyer des effets désagréables dès leur arrivée à Saint-Martin.

On me fera probablement un grief de ne pas avoir tracé des conseils relatifs aux précautions à prendre pendant le séjour dans cette localité.

Je conçois toute l'importance du reproche, mais on admettra avec moi que dans un travail de ce genre, il n'était guère possible de formuler des règles ayant une précision suffisante. Il m'eût fallu pour cela envisager tous les cas particuliers qui peuvent se présenter et cette manière d'agir m'eût certainement fait dépasser les bornes que je m'étais imposées.

Quant à donner des conseils en général, je répugnais à le faire, sous peine de tomber dans les banalités les plus vulgaires et m'exposer à des redites. Du reste, les observations que j'ai présentées sur la climatologie de ce pays et sur les cas pathologiques justiciables de son climat suffiront, je l'espère, à établir si *oui* ou *non,* il y a opportunité pour le malade et le valétudinaire à venir, pendant la chaude saison, planter leur tente dans ces intéressantes montagnes.

Un préjugé bien répandu parmi la colonie étrangère et contre lequel je ne saurais assez réagir, consiste à attribuer à nos eaux potables des propriétés purgatives qu'elles ne possèdent nullement.

L'analyse que j'ai donnée de ces eaux ne révèle dans aucune d'elles le moindre sel capable de produire de tels effets. Parfaitement captées à leur origine, elles sont amenées dans des tuyaux en fonte jusqu'aux fontaines publiques. Sur tout leur parcours, pas la moindre interruption. Plus de ces chambres suspectes qui, sous prétexte de servir de bassins de décantation, constituaient des foyers dangereux où s'accumulaient des êtres organisés ou des matières organiques et, éventuellement, des germes de maladies infectieuses.

Il est vrai qu'assez souvent les étrangers récemment arrivés éprouvent des troubles des voies intestinales et que, se prévalant du préjugé en cours, ils s'empressent de les imputer aux eaux de boisson dont ils font usage, sans se préoccuper des causes plus rationnelles et plus vraies qui peuvent les déterminer.

Ces personnes oublient, en effet, trop facilement que, sur le littoral, les fonctions cutanées sont constamment et vivement excitées par une chaleur relativement intense et que, grâce à la température sensiblement moins élevée qu'elles ont à supporter et à l'atmosphère moins sèche qu'elles rencontrent en arrivant ici, les fonctions de la peau deviennent brusquement ralenties. Cette modification, dont le résultat est une suppression ou une diminution de l'activité sudorale, peut se traduire par une répercussion sur les intestins et provoquer la diarrhée.

Mais je veux bien admettre aussi que les eaux elles-mêmes aient leur part de responsabilité dans le méfait. Dans cette hypothèse encore, je me hâte d'affirmer que les eaux n'agissent point à cause de leur constitution chimique, mais bien par leur température. Très agréables à la vue à cause de leur extrême limpidité, très agréables au goût qu'elles flattent délicieusement à raison de leur exquise fraîcheur, rien d'étonnant que l'étranger non prévenu cède au désir d'en ingérer des quantités plus fortes qu'il ne convient. Qu'on boive donc de cette eau avec modération et tout danger, si danger il y a, sera conjuré.

J'ai rencontré, d'autre part, plusieurs personnes qui, sur le littoral, affligées de diarrhée incoercible, ont recouvré la régularité normale de leurs fonctions intestinales peu après leur installation à Saint-Martin. Elles aussi attribuaient à l'eau qu'elles buvaient ce résultat aussi satisfaisant que surprenant, qui n'était dû qu'à l'action tonique qui se manifestait sur le tube intestinal.

Les ménagères incriminent, elles aussi, l'eau de Saint-Martin de retarder la cuisson des aliments. Elles se montreraient moins empressées d'accuser la nature de l'eau si elles se rappelaient que, par le fait de la pression atmosphérique moindre à cette altitude, le point d'ébullition se produit à une température inférieure à 100° c. : la cuisson doit conséquemment rattraper par la durée le manque de calorique.

On aura remarqué que les observations météorologiques s'appliquent à une période de temps comprise entre le 15 juin, commencement habituel de la saison, et le 15 octobre, époque à laquelle, suivant moi, elle devrait prendre fin.

Déjà, en 1895, je proclamais que c'est dans le mois d'octobre que les résultats précédemment obtenus par les malades et les valétudinaires semblent définitivement acquis. De plus, que c'est durant ce laps de temps que le touriste, favorisé par la série de beaux jours habituelle à cette époque, peut donner libre carrière à son penchant et attendre qu'un soleil moins chaud et moins énervant lui rouvre son quartier d'hiver.

« N'aller à la montagne qu'en juillet et août, c'est vouloir ignorer sa beauté et son charme. » Telle est l'épigraphe qui figure au frontispice d'une notice que M. Auscher, président du Comité de Tourisme du T. C. F., a écrite sur les *Saisons de la Montagne* ; je ne puis résister au désir de reproduire quelques passages de cet écrit, dont chaque ligne affirme une éclatante vérité. « Le tourisme en montagne, dit-il, c'est le tourisme dans presque toute la France ; mais il est une question capitale que l'on a jusqu'ici très mal comprise chez nous et dont le développement touristique de la France a beaucoup souffert. Je veux parler des saisons de la montagne : et je dis avec intention les saisons, car nous avons tous la fâcheuse habitude de dire la saison de la montagne ; ce qui est un moyen sûr de ruiner à jamais l'essor d'une des plus importantes branches de la prospérité nationale. »

Et plus loin, après avoir magnifié le réveil du printemps en montagne et les avantages de son été, la seule connue de la plupart des touristes, il trouve, pour chanter les gloires de l'automne, des accents connus seulement du poète qui a admiré la nature de près et a appris à l'aimer. « Bien souvent, écrit M. Auscher, après les orages de fin d'août, un léger et rapide abaissement de température donne à croire aux estivants que l'été est fini et que les rigueurs de la mauvaise saison vont commencer. A ce moment, tout le monde s'en va. Et c'est précisément alors que commence une des plus agréables périodes de la montagne.

» En effet, les orages ont pris fin. Bien rares sont les bouleversements atmosphériques, et désormais, la stabilité du temps est assurée avec une longue série de beaux jours, avec, ce qui est surtout appréciable, une luminosité et une transparence de l'atmosphère que l'on ne trouve jamais en juillet ni en août. C'est alors le moment des longues promenades, des ascensions entreprises en toute sécurité, et des panoramas infinis perçus grâce à la pureté de l'air. Il en est ainsi de la mi-septembre jusqu'au 15 novembre. Pendant toute cette période, la mélancolie des automnes n'est qu'un vain mot. L'automne est une des gloires de la montagne. Le soleil ne cesse d'y luire et fait joyeusement flamboyer aux yeux émerveillés des rares touristes qui ont eu la sagesse d'y rester, les ors et les pourpres d'un feuillage brusquement saisi par les premières gelées nocturnes, tandis que la verdure veloutée des sapins et des épicéas proclame l'éternité de la vie dans la nature. »

M. Auscher voudrait encore faire goûter à l'étranger les avantages de l'hiver en montagne. Je n'ose pas pousser aussi loin mes exigences, que les conditions sociales, ne permettent pas, la plupart du temps, de justifier : la rentrée des écoles, la reprise des affaires commerciales ou autres, l'aménagement des immeubles en vue des locations prochaines et, pourquoi ne pas le dire, l'esprit d'imitation fournissent aux hôtes de la montagne d'amples raisons pour la quitter dans le cours de la deuxième quinzaine de septembre.

Climats tempérés, toniques, excitants

En mettant en relief les avantages de la station de Saint-Martin, je suis loin d'en faire une panacée et d'affirmer qu'elle convient à toutes les situations. Un sentiment d'impartiale justice m'avait déjà imposé le devoir de reconnaître ailleurs l'utilité des autres séjours qui, situés sur divers points de notre département et étagés à différentes altitudes, peuvent, grâce aux nuances climatériques offertes par chacun d'eux, satisfaire à des besoins déterminés. Parmi ces résidences, il me suffira de mentionner celles qui, par leur organisation et la notoriété qu'elles jouissent, attirent une clientèle tous les ans plus nombreuse. Les unes sont à grande altitude : la *Madone de Fenestres, Borréon-Cascade, Thorenc, Peïra-Cava* et *Beuil* (ces deux dernières déjà avantageusement connues pour leurs sports d'hiver). D'autres sont situées à une altitude moindre que les précédentes, mais dépassant 900 mètres : Saint-Martin et Berthemont-les-Bains. D'autres enfin occupent des niveaux inférieurs à 900 mètres: Belvédère, La Bollène, Lantosque, Pélasque et Valdeblore.

D'après Lombard, les pays dont l'élévation au-dessus de la mer est comprise entre 900 et 1.000 mètres doivent être considérés comme climats toniques, vivifiants. Il semble, dès lors, que l'on doit classer comme climats excitants ceux dont l'altitude dépasse 1.000 mètres, et tempérés ceux dont l'élévation est inférieure à 900, d'où trois types de climats : Au premier appartiendraient les stations à grande altitude que j'ai énumérées; au second celles de Saint-Martin et de Berthemont-les-Bains; les autres enfin font partie du troisième groupe. Berthemont, La Bollène et Belvédère étant fréquemment un but de promenade pour les estivants de Saint-Martin, je crois intéressant de leur consacrer une succincte notice.

BERTHEMONT LES-BAINS (900ᵐ)

A peine a-t-il quitté la gare de Berthemont et contourné le coude que la montagne avance non loin de là, le voyageur venant de Nice rencontre à sa droite un poteau lui indiquant la route qui conduit à la station hydro-minérale de Berthemont. La voie s'élève assez rapide et, de lacet en lacet, elle ne tarde pas à atteindre un superbe plateau légèrement incliné vers le Sud et riche en cultures variées. De-ci, de-là, des chalets surgissent au milieu de châtaigniers séculaires. La route s'infléchit ensuite vers le Nord-Est, en suivant la direction du vallon Spagliart, qui se rétrécit toujours davantage jusqu'au pied de la montagne d'où il tire son origine. Pendant la dernière partie de son parcours, le chemin borde des massifs d'acacias et de marronniers, l'eau empruntée au vallon imprègne l'ambiance d'une exquise fraîcheur. C'est presque

LA BOLLÈNE

Vallée de la Vésubie — BELVEDERE (A.-M.)
HOTEL

au fond de la gorge que se trouvent l'hôtel et les thermes de Berthemont. On connaît la réputation dont ces eaux jouissaient déjà auprès des Romains. Des vestiges d'anciennes canalisations en poterie mis à découvert par Charles Bergondi, le créateur de la station, ont démontré qu'alors les thermes occupaient une élévation de terrain, au beau milieu du vallon. Il y a donc lieu de présumer que leur disparition de l'endroit primitif, plus qu'au vandalisme des barbares, peut être attribuée aux crues violentes du vallon.

Plusieurs notabilités médicales ont donné l'analyse des eaux de Berthemont et mis en lumière leur efficacité dans les diverses maladies justiciables des eaux sulfureuses sodiques, notamment les affections cutanées chroniques, la scrofule et les rhumatismes invétérés.

Il est fâcheux qu'avec des avantages aussi précieux, la station de Berthemont ne se développe pas davantage. Cela tient, à mon avis, à deux causes : la première consiste dans l'exiguité de l'emplacement où s'élèvent les thermes et leurs dépendances; la seconde dans leur éloignement d'un centre assez populeux pour leur fournir les premiers éléments d'une clientèle appréciable. Ces desiderata pourraient être comblés par le transfert des établissements sur le plateau lui-même, dont l'étendue, le vaste horizon, la luminosité et l'orientation répondraient à toutes les exigences de commodité, de confort et d'hygiène. A l'autre inconvénient, il pourrait être remédié par la construction d'une route reliant directement Berthemont à Saint-Martin. On conçoit sans peine l'appui mutuel que se prêteraient ces deux stations, l'une en bénéficiant de l'appoint assuré que lui apporteraient les estivants de Saint-Martin, et l'autre par la facilité offerte à ces derniers d'aller en délicieuses promenades, demander à sa voisine les bienfaits de ses eaux salutaires. Je sais bien que l'on traitera d'utopie ma manière de voir ; toutefois, si indépendamment des avantages communs aux deux stations, on considère que Berthemont est l'unique station hydro-minérale existant dans toute la région, on verra sans tarder tout le profit que notre département en retirerait et toute l'importance qui s'attache à son développement, tant au point de vue économique qu'humanitaire.

La station de Berthemont-les-Bains a été reconnue d'utilité publique, elle mérite donc tous les encouragements.

LA BOLLÉNE (690ᵐ)

La Bollène... gracieux entre tous, ce petit village de 609 habitants est bâti sur un ressaut de la montagne dont le pied se perd dans la châtaigneraie. La voie qui y mène se détache de la route départementale, non loin de la gare desservant le village et tout près de l'endroit où la Planquette se mêle à la Vésubie. Assez spacieuse et commode, elle déploie ses tournants à travers une luxuriante végétation pour aboutir, après une montée d'une heure, sur la petite place au fond de laquelle s'élève, sur arcades, la coquette maison commune. De nombreux chalets et des villas cachent dans les fraîches frondaisons leurs façades à l'aspect riant. De confortables hôtels tiennent leurs portes ouvertes en toutes saisons, les magasins sont bien approvisionnés.

La Bollène est alimentée d'une eau aussi agréable que d'une irréprochable pureté ; elle est éclairée à l'électricité et possède un bureau de postes géré par un facteur-receveur.

L'olivier, la vigne, le pêcher et le figuier y abondent. La cueillette des champignons, de la lavande et d'autres menus produits de la forêt donne à la commune des revenus appréciables.

De La Bollène, la vue domine toute la vallée et, de tous côtés, elle se repose satisfaite sur le cirque majestueux des hautes montagnes qui au loin lui font ceinture et l'abritent contre les vents du Nord.

Sur un second ressaut de la montagne, au-dessous de celui qui sert d'assiette au village, dans une vaste sapinière, au milieu d'un parc aux allées ombreuses, s'élève le Grand-Hôtel. Par sa situation incomparable et son horizon largement ouvert, ce séjour idéal mérite bien la faveur dont il jouit auprès des personnes qui viennent lui demander le repos, la quiétude d'esprit et la santé.

Le villégiaturant trouve à La Bollène matière à de nombreuses excursions : *Peïra-Cava* (1.600 mètres), station d'altitude très fréquentée; *Turini* (1.700 m.), *Cabanes-Vieilles*, où sont construits des baraquements militaires. Ces sites sont desservis par la route carrossable qui **longe** le Paillon, traverse l'Escarène, Lucéram et aboutit à Cabanes-Vieilles. Il serait à souhaiter, dans l'intérêt du tourisme, que cette route fût reliée à la Vésubie.

Le village de La Bollène connut, lui aussi, les horreurs des combats pendant la Révolution, et, avec eux, le poids écrasant des charges qui s'appesantirent sur lui pendant les occupations militaires qui se succédèrent de 1792 à 1796. D'après Raiberti, les dommages provenant de ce fait sont évalués à 800.000 francs.

Heureusement, ces temps ne sont plus et La Bollène pourra désormais aspirer à l'avenir prospère et florissant que lui assurent ses incontestables qualités.

BELVÉDÉRE (830m)

Belvédère justifie bien son appellation. Comme sa sœur La Bollène, il est délicieusement posé sur un riant mamelon ; comme elle, il étale devant un vaste horizon ouvert au midi ses maisons aux teintes bariolées. Si sa voisine vante sa Planquette, lui est fier de sa Gordolasque, de ses épaisses forêts, de ses sites pittoresques, de son air pur, de ses eaux limpides et salubres.

La route qui dessert le village s'amorce à l'artère départementale dès la sortie de Roquebillière. Tracée sur le flanc Ouest de l'agréable colline, à travers de beaux châtaigniers et une riche prairie, elle coupe en maints endroits les brusques zigzags du chemin muletier. Après quarante-cinq minutes de montée, elle débouche sur la petite place où s'élève l'église paroissiale avec son campanile agrémenté de quatre clochetons.

Du côté Sud, la vue embrasse le même paysage que celui dont on jouit à La Bollène. Sur ce versant au fond duquel la Gordolasque roule ses eaux de cristal, la campagne se montre dans toute son exubérante fécondité : les fruits y abondent, si bien qu'ils constituent une source importante de revenus pour les agriculteurs du pays, qui exportent à Saint-Martin les produits excédant la quantité nécessaire pour les besoins de leur clientèle d'été. Car Belvédère reçoit, lui aussi, de nombreux étrangers qui viennent respirer son air léger et jouir de son exquise fraîcheur.

Admirable est la promenade de *Saint-Blaise,* au fond de laquelle, dans une châtaigneraie touffue, on peut se reposer et rêver. Il est déplorable que, pour se rendre à ce site charmant, on soit tenu de longer la rue étroite et tortueuse qui, d'un bout à l'autre, traverse le village. Quel essor donnerait à cette ravissante station l'édilité qui s'appliquerait à faire disparaître cet état de choses si préjudiciable à l'esthétique et au bon renom de l'endroit !

Belvédère est un centre important d'intéressantes excursions : l'*Aution* (2.000 m.), le *Capelet* (2.622 m.), la *Cime du Diable* (2.687 m.) le *Raous* (2.157 m.) et surtout la vallée de la Gordolasque avec ses cascades, l'hôtel de *Saint-Grat* et la Madone de Fenestres, où la commune de Belvédère possède des forêts avoisinant celles de Saint-Martin.

La visite de certains parmi ces sites rappellera à l'excursionniste les combats glorieux que les soldats de la République y livrèrent, en 1793, contre les troupes austro-sardes.

Belvédère compte 1.126 habitants et il est doté de l'éclairage électrique. Des hôtels confortables y sont installés; de nombreux chalets et appartements sont mis à la disposition des estivants. La commune possède un bureau télégraphique et téléphonique ; le service postal est assuré par un facteur-receveur.

Tous ces avantages, unis aux conditions climatériques et aux commodités de locomotion dues à l'inlassable activité de la Fédération des Syndicats de la Côte d'Azur, ne peuvent qu'assurer à cette coquette localité un rang très honorable parmi nos stations estivales (1).

---

(1) Refuge Nice (2.250 m.), *Haute Gordolasque*. — Ce refuge est situé sur le promontoire rocheux qui sépare à leur confluent les vallons du Clapier et de Niré, à la base des contreforts occidentaux du mont Clapier.

Le refuge se compose d'un rez-de-chaussée divisé en deux parties, dont une, destinée au couchage, contient dix couchettes superposées deux à deux, munies de couvertures, et l'autre, affectée à la cuisine, contient tous les ustensiles et la vaisselle nécessaires. La soupente est réservée au couchage des guides et peut recevoir une quinzaine de personnes.

Il est perçu une taxe de 1 fr. par personne et par nuit passée au refuge (réduite à 0 fr. 50 pour les membres du Club).

Le Club entretient une provision de bois de chauffage, sans cependant pouvoir rien garantir. Les alpinistes paieront une taxe de 2 francs par feu allumé.

Voies d'accès : 1º De Nice, par la vallée de la Vésubie; de Belvédère par Saint-Grat-Hôtel (6 heures);

De Saint-Martin-Vésubie, par la Madone de Fenestres et le Pas du Neiglier ou le Pas de Mont Colomb (6 heures).

2º Par la vallée de la Roya : de Saint-Dalmas-de-Tende, par la Miniera, la Valmasca et le Col de la Fous ou la Baisse du Basto (8 heures).

.'ranchement orientées au Sud et situées à une altitude moyenne, La Bollène et Belvédère jouissent d'une température douce, convenant admirablement à toutes les personnes dont les fonctions de la respiration et de la circulation s'accommodent mal d'un niveau élevé et à celles dont l'organisme affaibli et incapable de réagir serait trop fortement impressionné par l'air plus vif de la haute montagne.

De plus, ces deux stations conviennent, on ne peut mieux, comme stations intermédiaires, lorsque l'étranger, chassé du littoral par les premières chaleurs, n'ose encore affronter les séjours élevés et avant de regagner ses quartiers d'hiver, quand les premiers frimas l'obligent à quitter les hauteurs.

Notes Historiques et Chronologiques

L'histoire de Saint-Martin-Vésubie prise à ses débuts est pleine de réticences et d'incertitude. Les premiers habitants dont les auteurs font mention furent les Ligures, peuple puissant qui dominait presque la totalité de la future Gaule et dont les peuplades, sous des noms divers, occupaient nos montagnes.

Cette origine paraît démontrée par les observations cranologiques faites par le Docteur Louis Thaon sur les conscrits de la vallée de la Vésubie, et par M. Ab. Hovelacque, professeur à l'Ecole d'anthropologie de Paris, qui, grâce à des documents, a pu suivre l'évolution de la taille des recrues du canton de Saint-Martin-Vésubie, de 1792 à 1896. Cet auteur a constaté que, pour la période de 1792 à 1799, la taille moyenne de 252 recrues était de 1 m. 55 cm., exactement la même que celle de nos ancêtres, les Ligures.

M. Hovelacque ajoute que, depuis un siècle, et grâce à l'amélioration des conditions d'existence, la taille moyenne dans ce canton est allée progressivement en s'élevant et que, de nos jours, cette augmentation est de dix centimètres.

Les études philologiques ont conduit M. D'Arbois de Jubainville aux mêmes conclusions. D'après cet auteur, les Ligures employaient certains suffixes qui ne se rencontrent dans aucune autre langue; exemple: *osca, vese,* servant, le premier à indiquer le nom d'un lieu et le second un cours d'eau, d'où *Lantosque*, *Vésubie*.

Les Ligures, suivant Durante, formaient trois principales divisions, parmi lesquelles celle des *Alpini*; ceux-ci se divisaient eux-mêmes en neuf cantons, dont un comprenait les *Esubiens*. Esubiens ou *Vésubiens* devaient être, je présume, le nom donné à toutes les peuplades qui habitaient la vallée de la Vésubie ; l'histoire nous a transmis les noms d'*Euboriens* et d'*Oratelli* donnés respectivement aux Lantosquois et aux Utellois, mais qui saura nous dire ceux portés primitivement par les habitants de Venanson, de Saint-Martin, de Roquebillière, de Belvédère et de La Bollène ?

On attribue généralement la fondation de Saint-Martin à une colonie de bergers lantosquois, laquelle, attirée par les plantureux pâturages de la haute Vésubie, serait venue s'y fixer.

Cette hypothèse toute fantaisiste ne mérite pas, je pense, d'être discutée. Les Euboriens et les premiers occupants de Saint-Martin étaient bien des populations distinctes, ayant chacune à sa portée des pacages assez gras pour les besoins de sa propre industrie pastorale.

Il n'entre pas dans mes vues de suivre pas à pas les phases successives que le petit coin de terre dont j'ai entrepris l'histoire a traversées, entraîné par les événements qui, durant des siècles, ont lié son sort à celui du Comté de Nice. Je me bornerai, par conséquent, à passer rapidement en revue les faits généraux, pour m'attacher à ceux dans lesquels Saint-Martin a figuré, ne serait-ce même qu'à titre de simple comparse, et à signaler ses heures d'angoisse et de prospérité.

Après la dispersion des Ligures et la conquête de la Gaule par les Romains, ces derniers firent durement expier à nos montagnards l'opiniâtre résistance qu'ils leur avaient opposée. Une partie d'entre eux furent déportés, les autres virent leurs demeures incendiées et leurs champs dévastés. Entre temps, l'empire romain, secoué par l'incapacité des régnants, par l'ambitieuse cupidité des prétendants et par la poussée des barbares venus du Nord et de l'Orient, s'écroulait et se démembrait. Un lambeau de l'immense territoire devint la proie des Francs, qui jetèrent les premières fondations de l'édifice qui sera plus tard notre France. Les Arabes, à leur tour, se précipitèrent à la curée, mais, battus à diverses reprises, ils quittèrent la terre franque, abandonnant les mines qu'ils exploitaient à Saint-Martin, dans le vallon de *Salèzes*.

En 1142, sous Raymond-Béranger IV, les Alpes-Maritimes font partie du Comté de Provence ; puis, après de longues et de vaines tentatives, tantôt pour se créer une vie indépendante en s'érigeant en république, tantôt pour s'affranchir de la domination des Comtes de Provence, elles livrèrent leurs destinées à la Maison d'Anjou.

Vers le milieu du XIIIe siècle, sous le nom de *Vigueries*, furent créés certains centres où se trouvaient réunis tous les services qui réglaient les affaires administratives, judiciaires et fiscales. Placée sous la haute direction d'un chef appelé Viguier, représentant lui-même le Sénéchal, on y jugeait les crimes ou les délits et on y revisait en appel les jugements rendus par les Baillis. Devant cette Cour se vidaient aussi les différends entre communes ; là, les délégués communaux discutaient de leurs intérêts collectifs, ou présentaient les requêtes à adresser au Souverain.

La Viguerie de Sospel et de la vallée de Lantosque tenait sous sa juridiction toutes les communes de la Vésubie, de Valdeblore et quelques-unes de la Tinée.

Telle est la raison pour laquelle au nom de Saint-Martin, les anciens avaient ajouté celui de Lantosque, pour bien spécifier qu'il se trouvait *in valle Lantuscæ*. Mais cette dénomination jetant une fréquente confusion dans la transmission des dépêches, le Conseil Municipal a demandé et obtenu que le nom de Saint-Martin-Vésubie fût substitué à celui de Saint-Martin-Lantosque. Il est à noter que, dans les actes ecclésiastiques, l'appellation de Saint-Martin *de Fenestris* est encore de nos jours exclusivement employée. Le décret présidentiel autorisant le changement de nom est du 28 octobre 1889.

Indépendamment des statuts plus haut mentionnés, applicables à toutes les communes de la Viguerie indistinctement, Saint-Martin jouissait de règlements de faveur et de privilèges spéciaux.

Ainsi, à son *Universitas* ou *Parlement* appartenait le droit de nommer le Bailli et les agents de la justice et du fisc; de graduer les peines, de condamner ou d'absoudre dans certains cas ; à l'Universitas était dévolue la prérogative de percevoir le produit des amendes, de régler les pâturages, d'imposer des servitudes de passage sur toute l'étendue du sol communal; d'autoriser l'emploi des poids et mesures en usage dans la localité; de tenir deux foires dans l'année, une à la Saint-Michel et l'autre à la Saint-Martin; de disposer de ses forêts, etc., etc.

Mais là où l'Universitas se montre surtout jalouse de ses droits, c'est dans le souci de sauvegarder son indépendance. L'article 26 des règlements dit, en effet, que la population de Saint-Martin ni son territoire ne pourront jamais être inféodés à aucun *Prélat, Particulier, Noble, Prince* ou *Baron*.

Le 18 avril 1331, à Avignon, nous voyons le Bailli de Saint-Martin, à genoux et mains jointes, jurer sur les Saints Evangiles, tant en son nom qu'en celui de l'Universitas qu'il représente, fidélité au Roi Robert et à sa fille Jeanne. Mais ce serment n'est prêté que sur la promesse formelle du Souverain de respecter les franchises et privilèges qui, déjà ratifiés par ses prédécesseurs, seront encore plus explicitement reconnus en 1387 par le Roi Charles III.

En 1382, la Reine Jeanne étant morte sans descendance, le trône de Provence était devenu vacant. Deux enfants, Louis II d'Anjou, neveu du Roi de France, et Ladislas, fils de Charles Durazzo, s'en disputèrent la possession. La Provence se divisa en deux partis, soutenant chacun le prétendant de son choix. Les Niçois, qui avaient épousé la cause de Ladislas, voyant leur sol menacé par l'armée angevine, dépêchèrent des délégués à Naples pour demander secours à Ladislas, lequel, ne pouvant leur venir en aide à cause de l'éloignement et des intrigues qui menaçaient sa propre couronne, les dégagea de tout serment de fidélité.

Les Niçois choisirent alors pour souverain le Comte *Rouge* Amédée VII de Savoie, qui enrichit ainsi sa couronne du Comté de Nice et de quelques communes sises sur la rive droite du Var, et cela malgré les sournoises compétitions des Marquis de Saluces et de Montferrat et du Pape lui-même.

L'accord à peine signé, le Souverain quitte Chambéry avec une nombreuse cavalerie et vient rejoindre à Saint-Martin une partie de sa troupe qui avait traversé le Col de Fenestres. De là, le Comte Amédée se rend à Nice et à Sospel, pour y recevoir l'hommage de leurs Vigueries et retourne à Saint-Martin, où il séjourne environ deux semaines. Sur ces entrefaites, il signe avec la Reine Régente, mère du jeune roi Louis II, une trève qui mit fin à la guerre et qui se traduira plus tard par la reconnaissance, de la part de la Maison d'Anjou, de toutes les conventions passées entre les Comtes de Savoie et les Vigueries.

La suspension d'armes fut signée à Saint-Martin même, le 3 novembre 1388.

A la mort d'Amédée VII, survenue en 1391, les Vigueries s'empressèrent de faire hommage de fidélité à son successeur le comte Amédée VIII lequel, par acte de la même année, sanctionna les conventions signées par tous ses prédécesseurs, entre autres l'intangibilité des privilèges et franchises, et édicta des mesures de dégrèvement d'impôts, dont la nécessité se faisait grandement sentir après tant d'années de troubles et de misère.

Mais là ne s'arrêtèrent pas la sage prévoyance et la paternelle sollicitude du Souverain envers les populations qui lui avaient témoigné tant de dévouement. Nice avait été érigée en *port franc* et le comte

Amédée VIII voulant développer le commerce entre ses Etats et le Comté de Nice, décida de réaliser le projet déjà conçu par son auguste père, qui consistait à les relier par une voie de communication.

Le seul tracé susceptible de mettre le chemin projeté à l'abri d'un coup de main des Lascaris, seigneurs de Tende, était celui qui, suivant le cours de la Vésubie et passant par Saint-Martin, devait rattacher Nice à Valdieri, dans la vallée du *Gesso*. Paganino del Pozzo, entrepreneur des *Gabelles*, offrit de construire à ses frais le chemin en question, moyennant le prélèvement d'un faible droit de péage et la concession lui fut accordée. Le touriste peut encore, à l'heure actuelle, remarquer au *Pas de Pagari*, entre Fremamorta et le Mercantour, des traces de ce chemin devenu impraticable et, par suite, abandonné.

L'achèvement, en 1434, de cette œuvre hardie qui n'avait exigé que quatre années de travail, marque le point de départ d'une ère de prospérité pour la vallée de la Vésubie et surtout pour Saint-Martin qui, placé à la limite extrême du Comté de Nice et, par conséquent, de la région jouissant de la franchise du port, ne tarda pas à devenir un centre industriel et commercial important. Des usines de tissus s'installèrent. A Saint-Martin faisaient halte les négociants qui, du Piémont, exportaient leurs marchandises vers la région méditerranéenne et ceux qui, du littoral, transportaient au-delà des Alpes leurs produits et notamment le sel dont cette commune était le vaste et principal entrepôt.

La vallée de la Vésubie n'avait plus à regretter le passage du col de Fenestres qui, pendant de longs siècles avait été le seul moyen de raccordement des deux versants.

Tant de bien-être et de prospérité ne devaient pas, hélas avoir une bien longue durée. En effet, en 1470, un terrible incendie allumé par la foudre détruisait la majeure partie de la ville : de nombreuses usines avaient été la proie des flammes ; la perte en marchandises fut évaluée à cent soixante mille florins d'or. Raiberti, à qui j'emprunte ces détails, ajoute que le Duc Amédée ix ordonna la reconstruction de la ville aux frais de l'Etat et l'exonéra de tout impôt pour la durée de douze années.

Cette catastrophe devait être le prélude d'autres calamités. La lutte entre Charles-Quint et François 1er pour la couronne impériale d'Allemagne devait se répercuter jusque dans les Alpes-Maritimes. Charles iii le Bon, Duc de Savoie, avait pris fait et cause pour le puissant empereur et tandis que les armées du Roi de France envahissaient le Comté de Nice, les Impériaux pénétraient dans la Provence, d'où ils étaient bientôt obligés de se retirer, ne trouvant devant eux qu'un pays intentionnellement dévasté par les habitants eux-mêmes. Une partie de leurs troupes effectua sa retraite par le col de Fenestres, laissant à la merci de l'occupant les Alpes-Maritimes dont plusieurs communes avaient fait leur soumission au Roi de France. L'occupation dura plusieurs années car François 1er était mort sans tenir la promesse qu'il avait faite par le traité de 1544, de restituer à son légitime possesseur, le Duc de Savoie, les places fortes et les villes qu'il détenait par droit de conquête.

Il appartenait au glorieux successeur de Charles III le Duc Emmanuel Philibert, d'obliger par les armes l'héritier du trône de France, Henri II, à l'accomplissement des promesses paternelles.

Par l'abdication de Charles-Quint, son fils Philippe II hérite du trône d'Espagne et met à la tête de ses armées le Duc de Savoie qui bat les Français à Saint-Quentin. Cette victoire et le mariage qu'il contracta avec la sœur du Roi de France, amenèrent la paix de Cateau-Cambrésis, signée en 1559.

Le Duc Emmanuel traversa alors le col de Fenestres pour venir reprendre possession de ses Etats; il fit plusieurs séjours à Saint-Martin dont il soulagea la misère par de généreuses largesses. Là, devant les habitants de cette ville et ceux de Venanson réunis en parlement, le Duc trancha à la commune satisfaction les différends qui existaient entre eux au sujet de la délimitation de leurs territoires, mettant ainsi un terme aux dissensions profondes que la transaction du 13 mars 1447 n'avait pu éviter.

Les mines de Salèzes depuis longtemps abandonnées parce que, disait-on, hantées par des êtres surnaturels, furent à nouveau exploitées grâce à un bref apostolique par lequel le Pape Pie VI, sur l'intervention du Duc, annulait l'interdiction prononcée par certains de ses prédécesseurs et bénissait l'entreprise due à l'initiative du Prince de la Maison de Savoie.

Le règne pourtant d'un si bon souverain devait être attristé par les intrigues et les convoitises du Marquis de Saluces, qui ne cédèrent que devant les protestations des populations. L'acte du 16 janvier

LES ALPES

VENANSON

1562 dressé par devant notaire par le Conseil de Saint-Martin, au nom de l'Universitas, exprime formellement sa volonté de ne reconnaître comme Souverain, ni le Marquis de Saluces, ni le Roi de France, mais uniquement le Duc de Savoie.

Le Duc Emmanuel Philibert arraché par la mort à l'affection de son peuple, légua la couronne à son fils Charles Emmanuel Ier dont le règne devait être troublé par les guerres de religion. Henri IV visait au trône de France, mais partisan de la Réforme, l'accès lui en était disputé non seulement par des compétiteurs mais encore par les souverains qui n'avaient pas abjuré la foi catholique. Charles Emmanuel s'allie à Philippe II contre le Béarnais qu'ils se refusent de reconnaître comme Roi; la Provence révoltée met le Duc de Savoie à la tête de ses armées. Déjà, celui-ci avait envahi la Provence, poursuivant jusqu'à Aix et Marseille sa marche victorieuse, mais il ne tardait pas à se retirer devant la poussée irrésistible de l'ennemi. En attendant, les troupes du Roi qui avaient pénétré dans les Alpes-Maritimes, menaçaient la retraite des alliés. Des combats se livrèrent sous les murs de Saint-Martin que défendaient énergiquement le Comte de Beuil et les milices. La conversion d'Henri IV au catholicisme et les victoires qu'il avait remportées contre les *Ligueurs* lui ouvrirent les portes de la capitale et amenèrent le traité aux termes duquel le Béarnais étendait ailleurs les limites de son Royaume mais il renonçait définitivement à ses prétentions sur le Comté de Nice.

Ces guerres qui avaient épuisé le pays devaient avoir pour Saint-Martin des conséquences encore plus graves. Le chemin ouvert par Paganino del Pozzo, trop rapproché de la frontière et aisément intercepté par l'ennemi constituait un danger pour la sécurité des Etats du Duc de Savoie. Aussi, celui-ci qui n'avait plus à redouter les incursions des Lascaris conçut-il l'idée de construire une voie par Tende. Ce chemin ouvert en 1592 donna le coup de grâce à Saint-Martin dont il annihilait pour toujours le commerce et les industries. Les longues théories de bêtes de transport avaient à jamais abandonné le chemin Paganino, qui faute d'entretien, était devenu impraticable. Le chemin primitif du col de Fenestres sera désormais uniquement fréquenté par les habitants de la Vésubie, les autres trouvant dans le chemin Roya-Tende une voie autrement commode pour aller exercer leur trafic en Piémont.

Ce désastre qui allait si profondément modifier la vie économique de Saint-Martin n'avait point altéré chez ses habitants le sentiment de leur dignité ni atténué leur amour d'indépendance.

Le 16 mars 1684, le Comte Marcel de Gubernatis, Président du Sénat à Nice, avait obtenu du Duc Victor Amédée, pour lui et ses successeurs, le fief de Saint-Martin, avec *toute sa force de juridiction, haute, moyenne et basse main; entière puissance du couteau, pourvoir aux officiers de justice, faire dresser fourches pour l'exécution d'icelle et généralement ce qui peut appartenir à un fief noble.*

Grand émoi parmi la population qui voyait dans cette inféodation la confiscation des privilèges et franchises dont elle avait toujours joui. Le Conseil Muni-

cipal délégua alors pour ses mandataires Jean-Baptiste
Cagnoli et Jérôme, Marcel Raiberti, tous deux doc-
teurs en droit, dans le but d'obtenir du Duc de Savoie
la révocation de l'inféodation faite au Comte de Gubernatis. Les énergiques protestations des délégués basées
sur les promesses faites par les Souverains, eurent le
résultat le plus heureux, puisque le 30 octobre de la
même année, le Duc Victor Amédée révoqua l'inféodation et promit, tant en son nom qu'en celui de ses
successeurs, que Saint-Martin ne serait jamais plus ni
inféodé ni aliéné, mais qu'il resterait toujours sous sa
domination et juridiction.

Le Comté de Nice n'avait pas encore pansé ses
plaies que Louis xiv convoitant cette nouvelle conquête
prit pour prétexte de guerre l'entrée du Duc Victor
Amédée vii dans la ligue que la révocation de l'édit
de Nantes avait suscitée contre le Grand Roi. Le
Maréchal Catinat jette son armée sur Nice et ses environs. Malgré une héroïque résistance, le Château et la
Ville capitulent et le rêve de S. M. très Chrétienne se
réalisait; le Comté de Nice lui appartenait.

Le calme qui suivit ne fut pas de longue durée.
Peu de temps après, la succession d'Espagne ravivait
les hostilités. Le Duc de Savoie appuie les prétentions
de l'Autriche et de la Hollande contre Louis xiv. A la
tête des troupes Austro-Sardes, il franchit le col de
Fenestres, chasse du Comté de Nice les troupes roya-
les qu'il poursuit jusqu'en Provence mais là repoussé,
à son tour, il est contraint à une retraite précipitée et
à regagner ses Etats. Par les traités d'Utrecht et de
de Rastadt (1713-1714) qui réglèrent la sucession

d'Espagne, le Comté de Nice était rétrocédé à la Maison de **Savoie.**

En 1741, l'Empereur Charles VI n'ayant pas d'héritier mâle avait légué le trône d'Allemagne à sa fille unique Marie-Thérèse. La France, la Prusse, les Bourbons d'Espagne ne voulurent pas reconnaître cette succession, mais la jeune héritière étant soutenue dans ses prétentions par l'Angleterre, la Russie, la Hollande et par le roi de Sardaigne Charles Emmanuel II, une nouvelle guerre éclata.

Les troupes Franco-Espagnoles s'emparèrent du Comté de Nice; sous la conduite du Prince de Conti et du Marquis de Las-Minas, elles tentèrent d'envahir le Piémont par les Cols de Fenestres et de Fremamorta, mais ne pouvant forcer ces passages par suite du mauvais état des chemins, elles se virent obligées de se frayer une autre voie. Le Roi de Sardaigne, de son côté, avait envahi la Provence; le sort des armes n'ayant favorisé aucun des belligérants d'un résultat décisif, une trêve fut signée et quelques mois après, le traité d'Aix-la-Chapelle mettait fin à cette guerre qui n'avait pas duré moins de sept ans et dont les conséquences ont été des plus désastreuses pour la vallée de la Vésubie, par suite des lourdes contributions de guerre qu'elle eut à supporter durant son occupation par les troupes des deux partis adverses.

Tandis que la vallée de la Vésubie, tout entière à son œuvre de relèvement, poursuivait la révision de ses statuts politiques et adminisratifs, un drame grandiose et terrible à la fois agitait jusqu' au délire la Nation française opprimée par un despotisme éhonté et que trois quarts de siècle d'une frivole et indolente royauté traînaient à la banqueroute et à la ruine.

Un sursaut de révolte indignée avait soulevé les masses; des hommes énergiques s'étaient faits les champions des légitimes revendications du peuple, malgré la perspective d'être emportés par la tourmente, victimes de leur patriostime et de leur généreuse abnégation. La poursuite d'un idéal de justice et de liberté provoque les pires excès de représaille... lugubres et radieuses visions de scènes sanglantes, d'héroïques vertus et de sublimes sacrifices... les principes des Droits de l'Homme triomphent, qu'importe le reste ?

Le souffle puissant d'émancipation s'étend soudain, irrésistible; il parvient jusqu'à Nice.

Le Roi de Sardaigne Victor Amédée III, hostile aux idées nouvelles qui menaçaient de s'infiltrer dans ses Etats devenus l'asile de milliers d'émigrés, s'allie avec l'Autriche et se prépare à la guerre. La Convention voulant prévenir l'offensive envoie le général d'Anselme occuper Nice que le général de Courten avait abandonnée (22 septembre 1792).

Des délégations se présentent au général français pour obtenir qu'il prenne possession de la ville. Blanqui demande l'annexion du Comté à la France républicaine mais la Convention ne proclamera cette annexion que le 31 janvier 1793, après avoir consulté les populations et en avoir reçu le consentement librement exprimé.

Les hostilités avaient commencé. Le Duc d'Aoste et le général autrichien Dewins franchissent le col de

Fenestres à la tête d'une nombreuse armée, ils brûlent les étapes pour se porter rapidement sur le Var et couper aux Français qui occupent la partie basse du Comté toute communication avec la Provence. Les Autro-Sardes attaquent vigoureusement le village de Gilette, défendu avec non moins d'énergie par les soldats de la République. Le choc est terrible : déjà ceux-ci plient devant les assaillants plus nombreux, mais des renforts envoyés par le général Dugommier arrivent et la victoire se décide en leur faveur. Les Alliés battus se retirent en hâte vers les montagnes. Tout le Comté est conquis sauf la vallée de la Roya que le génie puissant de Bonaparte ne tarda pas d'ailleurs à réduire.

Malgré ce résultat qui paraissait définitif, la haute vallée de la Vésubie ne cesse pas d'être le théâtre de violents combats durant lesquels le sort des armes se montre alternativement favorable aux deux belligérants. Par deux fois, le col de Fenestres est pris et repris par les troupes adverses; enfin, une dernière poussée rejette les Piémontais au delà des Alpes et le Comté tout entier tombe au pouvoir des Français.

Dans le cours de 1795 ,les Sardes font une dernière tentative, moins pour ressaisir le Comté que pour harceler les soldats de la République. Une expédition placée sous les ordres du capitaine Bonnaud, émigré de Grasse, forte de 2.500 hommes environ, doit, en colonnes séparées, franchir les Alpes par les cols de la Lombarda, Fremamorta et de Fenestres, égorger les postes français placés à ces passages et faire irruption dans la vallée de la Vésubie. La colonne commandée par le capitaine Bonnaud comptant 1.500 hommes, après avoir essuyé une effroyable tourmente qui lui enlève plus de cinquante unités, arrive par le Pas-des-Ladres au défilé de Peira-Strecia : là, elle surprend le poste français qu'elle tue, puis se porte vers Saint-Martin où le général Sérurier avait établi son poste de commandement. L'attaque brusquée met en éveil la petite garnison ; une cinquantaine de soldats vont au devant de l'ennemi, mais débordés par le nombre, ils se replient : la générale résonne, tous les hommes du cantonnement se précipitent contre les assaillants, on se bat avec acharnement hors du village et dans ses murs. La lutte dure une bonne partie de la nuit ; enfin, vers six heures du matin, l'ennemi en déroute s'enfuit vers la Ceriegia, laissant sur le sol un grand nombre de morts, entre autres le capitaine Bonnaud, et entre les mains des Français plus de 300 prisonniers.

Entre temps, les coalisés encouragés par quelques avantages remportés en Italie continuaient à menacer la France. Les Autrichiens ayant à leur tête le général Gorup avaient à nouveau franchi le col de Fenestres, envahi la vallée de la Vésubie et s'avançaient sur Nice. Mais en Italie, la fortune avait cessé de sourire aux Impériaux : aussi, ceux d'entre eux qui occupaient encore le Comté de Nice s'éloignèrent-ils rapidement pour aller se briser contre les armées de Bonaparte, dans la plaine de Marengo.

En juin 1796, Charles Emmanuel s'était retiré de la lutte, cédant à la République Nice et la Savoie. Le général Suchet rentra à Nice et le général Garnier réoccupa toute la vallée de la Vésubie. Les *Barbets* bandes organisées pour soutenir la cause du Piémont furent dissous; **les uns** déposèrent les armes, **les** autres qui, transformés **en** brigands, profitaient des **troubles** du moment pour se livrer au pillage et au meurtre, furent déruits les uns après les autres. Désormais, nos glorieuses armées n'auront plus à défendre le Comté de Nice qui demeurera terre française jusqu'à la chute du Géant qui avait commandé à cent millions de sujets.

Mais la radieuse clarté que les évènements avaient jetée sur l'épopée napoléonienne avait durement fait sentir aux pauvres populations de la Vésubie ce que coûtait cette gloire éphémère. On n'en sera pas étonné quand j'aurai dit que les dommages subis par les seuls habitants de Saint-Martin, de 1792 à 1796, ont été évalués à la somme formidable de plus d'un million de francs.

Le Congrès de Vienne (1814-1815) avait primitivement décidé que le Comté de Nice et la Savoie feraient partie du sol français; mais le général Michaud ambassadeur du Roi Victor Emmanuel Ier insista si énergiquement auprès de l'empereur de Russie, Alexandre Ier dont il était l'aide de camp, que Nice et la Savoie furent rendues au Roi de Sardaigne.

Le retour du Comté à la Maison de Savoie fut diversement accueilli par les habitants : les uns encore hantés par le souvenir des sombres journées de la Révolution, se réjouissaient de cet évènement qui semblait leur promettre la sécurité et la quiétude; les autres faisaient grise mine à un changement qui à leurs yeux pouvait être considéré comme la suppression des principes de liberté et d'égalité proclamés en

1789. D'autres, enfin, se détachaient à contre cœur de la grande et glorieuse Nation qui, pendant un quart de siècle avait dicté la loi au monde. Aucun parmi eux n'escomptait les évènements qui, plus tard, devaient mettre en défaut leurs prévisions et leurs aspirations. Le Piémont, en effet, ne tardait pas à ressentir les convulsions populaires que le gouvernement de Victor Emmanuel Ier avait suscitées et la France, déchirée par les partis, à subir la restauration du pouvoir absolu et la persécution des *Blancs*.

Mais la mauvaise humeur des Niçois anti-annexionnistes s'accentua bien davantage lorsque le gouvernement sarde soumit au Parlement le projet abolissant le part-franc. Des protestations véhémentes éclatèrent contre la main-mise sur les privilèges dont Nice et la province avaient bénéficié jusqu'alors. Le gouvernement ne se laissa pas émouvoir par les protestations indignées des Niçois et la loi supprimant le port-franc, frappant d'impôts les bois, le blé et le sel, votée par le Parlement et par le Sénat, était promulguée.

Quelques années plus tard, des évènements importants se préparaient qui, mettant une sourdine aux récriminations, devaient marquer pour le Comté de Nice une ère de prospérité et de nouvelle vie.

Le petit Piémont n'avait pas oublié la désastreuse campagne de 1849 contre l'Autriche et ne pouvait renoncer au désir de conquérir par les armes ce que, par excès de convoitise, il avait refusé, après les succès militaires remportés l'année précédente.

L'entrevue de Plombières, en 1858, entre l'Empereur des Français Napoléon III et le Comte de Cavour, ministre du Roi Victor-Emmanuel II, permit la réalisation de ce vœu. Une alliance est conclue entre les deux Souverains et, l'année suivante, les armées franco-sardes infligent aux troupes autrichiennes une défaite qui obligea l'empereur d'Autriche à demander la paix. En vertu du traité de Villafranca, la Lombardie était annexée au Piémont et, comme en 1793, Nice put à nouveau crier bien fort : « Je suis Française ! »

Saint-Martin a tenu, lui aussi, par l'unanimité de ses suffrages, à prouver que si, d'un côté, il consentait librement à se séparer de sa mère adoptive pour coopérer à sa libération, d'autre part, il acceptait avec enthousiasme son retour à sa vraie mère, la France, à laquelle le rattachaient ses mœurs, sa langue, ses intérêts et ses anciennes traditions.

Le traité d'annexion du 24 mars 1860 fut suivi, le 7 mars 1861, d'une convention relative à la délimitation entre les Etats du Roi de Sardaigne et l'Empereur des Français, en vertu de laquelle les frontières étaient fixées de la manière suivante :

Du *Baùs de la Frema*, la limite suit jusqu'à la *Balma de la Frema*; de ce point, elle se dirige vers le N.-E. pour atteindre en droite ligne le vallon des *Amberts,* qu'elle longe jusqu'à celle qui sépare entre elles les communes de Valdeblore et de Saint-Martin; là, elle s'avance jusqu'au *Ballour supérieur* dont elle se détache pour rejoindre le vallon *Arcias,* qu'elle descend jusqu'à son confluent avec le Borréon. Un peu en amont de ce point, la limite franchit le torrent pour atteindre la cime du *Piagù* ; de là, elle descend en longeant le vallon de *Madame* jusqu'à la rencontre du chemin de Fenestres; puis, après avoir traversé ce dernier vallon, elle remonte pour aller se rattacher à la cime de *Prals*, en passant par celle du *Marre*, *Fouons-Freja* et du *Lapassé*.

En examinant cette délimitation, on se demande avec étonnement comment la Commission qui en était chargée a interprété l'article 3 de la Convention, qui dit : « Une Commission mixte déterminera dans un esprit d'équité les frontières des deux Etats, en tenant compte de la configuration des montagnes et de la nécessité de la défense. »

La Commission n'aurait su mieux agir pour ne pas se conformer aux conditions imposées. En effet, si nous considérons que la crête du col de *Fremamorta* aux *Gélas* partage les deux versants, nous constatons que les limites actuelles s'en écartent considérablement, puisqu'elles sont fixées aux contreforts qui, au versant Sud, se détachent de la chaîne principale, englobant ainsi dans le sol italien un vaste terrain qui appartient à une commune française.

La commune de Saint-Martin n'est pas la seule à souffrir de ce déplorable état de choses ; celles d'Isola, de Saint-Sauveur-sur-Tinée, de Rimplas, de Valdeblore, de Roquebillière et de Belvédère partagent le même sort.

Je ne saurais mieux faire, pour mettre en évidence les inconvénients de l'actuelle délimitation, que de reproduire *in extenso* la délibération par laquelle les Conseils municipaux des communes intéressées demandent une rectification de frontière. Ces délibérations, qui ne varient entre elles que par des points spéciaux, ont été adressées au Ministère compétent, accompagnées d'un mémoire collectif signé par les Maires.

Délibération du Conseil municipal de Saint-Martin

« Le Maire rappelle que la délimitation du 7 mars 1861, faite en exécution du traité qui, le 24 mars 1860, annexait le Comté de Nice et la Savoie à la France, a eu comme conséquence pour la commune des inconvénients dont plus d'un demi-siècle d'expérience démontre toute la gravité.

» Ces inconvénients sont multiples et d'ordre différent ; au point de vue des impôts, les contributions payées au fisc italien pour les propriétés sises en Italie, qui ne s'élevaient en 1912 qu'à la somme de 169 fr. 43 centimes, sont allées progressivement en augmentant jusqu'à atteindre, en 1918, le chiffre exorbitant de 3.000 francs, non compris la taxe de mainmorte, qui s'élève à la somme annuelle de 400 francs, et cela malgré la réclamation formulée auprès du gouvernement italien par M. l'Ambassadeur de France à Rome en 1915.

» Il n'est pas possible de justifier un tel impôt par un équivalent quelconque en avantages procurés à cette commune par le gouvernement italien, vu que celui-ci ne prend à sa charge aucune dépense profitant au contribuable.

» La vie économique de notre commune est mise en souffrance par les entraves douanières opposées à la libre circulation de nos bestiaux au moment de l'inalpage et à la fin de chaque campagne d'été.

» En matière civile, les mêmes inconvénients existent : empêchement absolu de franchir les distances et d'affronter les Alpes, pendant huit mois de l'année, pour faire à l'état-civil italien et dans le délai voulu les déclarations des naissances et des décès qui peuvent se produire sur la partie de la commune sise sur le sol italien.

» Il n'en va pas autrement pour ce qui concerne l'administration judiciaire. Comment la justice italienne pourra-t-elle franchir les mêmes distances et affronter les mêmes difficultés pour, le cas échéant, venir ouvrir une enquête en temps opportun ?

» Ajoutons les obstacles mis à notre développement matériel : également frappée d'interdiction par les gouvernements français et italien, notre commune ne peut construire des chemins commodes sur son sol, dans ses forêts, ni se relier aux vallées voisines par des voies de communication qui, la rendant plus accessible aux touristes, donneraient le plus grand essor à sa prospérité.

» La Commission mixte instituée par l'article 3 du traité d'annexion n'a donc que très imparfaitement rempli l'obligation qui lui incombait de déterminer la frontière des Etats limitrophes en tenant compte de la configuration des montagnes et de la nécessité de la défense.

» Pour toutes ces raisons, M. le Maire estime qu'il y aurait lieu de demander une rectification de notre frontière et de reporter cette dernière sur la crête qui sépare les deux versants N. et S. des Alpes Maritimes, de façon à rattacher à la commune de Saint-Martin-

Vésubie le terrain qui lui appartient et pour lequel elle paie impôt.

» M. le Maire invite le Conseil à délibérer.

» Le Conseil, considérant que la délimitation entre les sols français et italien, dans cette partie des Alpes-Maritimes, faite en exécution du traité d'annexion de 1860, porte la plus grave atteinte aux intérêts économiques de cette commune par les entraves douanières, les difficultés relatives aux pâturages, aux administrations judiciaires, de l'état-civil, etc.;

» Que le budget communal est lourdement grevé par les impôts levés par le gouvernement italien sur les biens que la commune possède sur le sol italien;

» Que l'interdiction de construire des chemins et des voies de communication prive cette commune des moyens d'utiliser ses richesses naturelles et ses avantages comme station alpestre;

» Par ces motifs,

» Le Conseil demande que la limite séparant la France de l'Italie soit reportée, comme avant 1860, pour ce qui concerne la commune de Saint-Martin-Vésubie, sur la crête qui, à l'Ouest, se rattachant au col de Fremamorta (Valdeblore), se joint à la cime des Gélas (Belvédère) en passant par le Pas de Pagari, le col d'Arnova, la cime du Mercantour, la Balma de Ghiglié, le Clouot-Aùt, la Ruine, la Vallescure, les Caïres de l'Agnet et Cougourda, la Malariba, les Gaïsses, le Pas-des-Ladres et le col de Fenestres.

» Fait à Saint-Martin-Vésubie, le... »

Il y a lieu d'espérer qu'au moment où la glorieuse sœur latine va réaliser ses plus légitimes revendications, son Gouvernement, pénétré d'un sentiment de justice et d'équité, ne mettra pas obstacle à la suppression de l'étrange anomalie par laquelle des terrains appartenant à des communes françaises sont rattachés à des communes italiennes.

On chuchotait, il y a quelque temps, que cette rectification, acceptée en principe par le Gouvernement italien, aurait comme contre-poids l'aliénation de certaines communes de la Roya. Je retiens ce bruit comme infondé, mais si, par absurde, cette éventualité était jamais envisagée, il est bon que l'on sache que les Vésubiens ne seraient pas les derniers à protester contre toute mutilation de notre sol national et à s'élever contre la violation de promesses plus de cinq fois séculaires et du principe proclamé par M. Wilson.

On connaît les entraves douanières mises au transit des marchandises venant d'Italie ou y retournant, les difficultés de fournir une caution, la perte de temps pour la double visite des marchandises et les frais que ces opérations occasionnent.

Aussi, semble-t-il que, pour obvier à ces multiples inconvénients, point ne serait besoin de toucher à la frontière, mais simplement de modifier la ligne douanière ou de faciliter le transit.

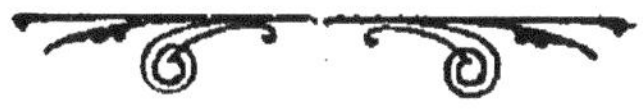

Après avoir passé en revue les phases diverses de l'existence de Saint-Martin, il nous est loisible d'établir le bilan de ses revers et de ses moments de prospérité. Que je me hâte de dire que les premiers l'emportent de beaucoup ; si l'on fait abstraction du demi-siècle durant lequel la route de Paganino avait procuré à Saint-Martin un essor prospère, on voit que la plupart du temps, l'infortuné village n'eut à essuyer que les coups redoublés de l'adversité. Aux guerres sans fin qui l'avaient épuisé jusqu'aux moelles par d'écrasantes contributions, d'autres calamités étaient venues se joindre. En 1523, une terrible disette affamait les pauvres habitants, réduits à se nourrir de paille et à se disputer les faibles quantités de blé venues d'Orient.

De 1528 à 1630, les inondations alternèrent avec des épidémies de peste ; par trois fois, dans le cours d'un siècle, ces fléaux s'appesantirent sur le malheureux village et en décimèrent la population. La famine faisait une deuxième apparition en 1696, suivie dix ans après d'une nouvelle et épouvantable inondation.

Il faut arriver à la moitié du dix-neuvième siècle pour voir les destinées de la vallée de la Vésubie, et notamment celles de Saint-Martin, s'orienter vers un avenir plus serein qui promet de les dédommager des mauvais jours passés.

On commença alors à s'apercevoir en haut lieu que de nombreuses populations vivaient séquestrées dans leurs montagnes et que justice voulait qu'on les fît bénéficier des avantages de la métropole en les reliant à elle par une voie carrossable.

La route de Levens fut alors décidée; commencée en 1840, sous le régime sarde, l'annexion la trouvait près de La Bollène et l'année 1878 à Saint-Martin, point terminus.

LA MADONE DE FENESTRES

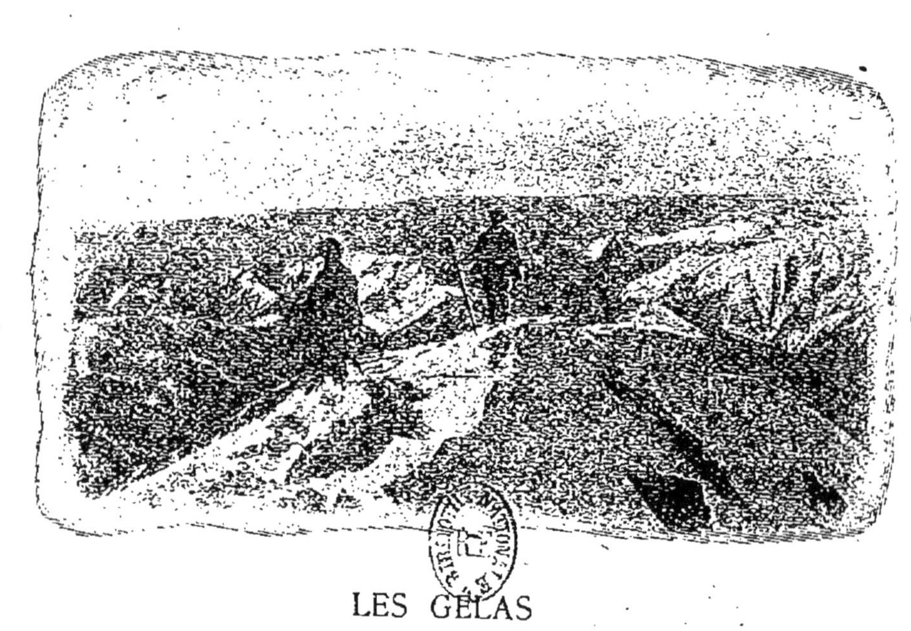

LES GÉLAS

Je fais grâce au lecteur du tableau des fastidieuses péripéties auxquelles étaient assujettis, avant cette époque, les voyageurs obligés de se rendre de la Vésubie à Nice.

Avec l'achèvement de la route, le service postal, jadis hebdomadaire, devient quotidien; le transport des voyageurs par diligence est organisé; on se sent renaître à une nouvelle vie dont seuls peuvent apprécier les avantages ceux qui eurent à souffrir de leur privation.

Entre temps, quelques étrangers qui, une première fois, avaient timidement entrepris le voyage de Saint-Martin, en devinrent les hôtes fidèles de tous les étés. Quelques rares constructions surgirent d'abord dans le quartier qui domine la ville ; puis, petit à petit, chaque coin vit de coquettes maisons s'élever aux abords des routes, si bien qu'à l'heure actuelle Saint-Martin compte plus de cent villas ou chalets et une douzaine d'hôtels. Le nombre d'étrangers augmente tous les ans et, de nos jours, la population estivante est presque le double de l'indigène.

En 1863 sont construits l'Hôtel de Ville et la place Félix-Faure. Un peu plus tard, les prés des *Roghiéras* sont éventrés pour livrer passage à la route du Borréon et aux Allées. Les Allées !... que de souvenirs s'y attachent !... C'est sous leurs dômes ombreux qu'avant l'affreuse guerre les fanfares militaires jetaient aux échos leurs marches entraînantes ; c'est là que souvent nos alertes chasseurs oubliaient dans les joyeux ébats de la danse les dures fatigues de la journée; c'est là que, devant une foule délirante d'enthousiasme, les jours de la Fête Nationale, avec le grandiose apparat d'une cérémonie solennelle, des généraux étaient décorés, et que chasseurs et artilleurs défilaient crânement. De quels patriotiques frissons et de quelles espérances nos âmes vibraient alors, à l'aspect de ces simulacres de guerre, que nous sentions préluder à la victoire ! Et nos cœurs se serrent maintenant, en songeant que tant de ces braves dont, chaque été, nous fêtions le retour, sont entrés dans la glorieuse immortalité. Muettes sont aujourd'hui les fanfares, à moins qu'elles ne reviennent un jour nous bercer d'hymnes à la Paix, à la Fraternité des Peuples !

L'année 1885 nous amène la construction des routes de Venanson et du Borréon, constituant l'une et l'autre de superbes promenades très fréquentées par la colonie étrangère. Les nécessités de la défense ont malheureusement voulu que celle du Borréon s'arrêtât à la frontière. Les circonstances permettront un jour, espérons-le, de la poursuivre jusqu'au cœur même de la forêt, pour le plus grand bien de la caisse municipale et dans l'intérêt du tourisme.

La route départementale qui, à son début, paraissait avoir comblé les vœux des Vésubiens, finit par tomber en défaveur; le charroi se plaignait des montées trop rapides, exigeant, pour un trop lourd chargement, des bêtes de renfort, d'où perte de temps et augmentation des frais de transport. Pour faire disparaître ces inconvénients, deux moyens étaient en présence : rectifier la route entre Levens et Saint-Jean-la-Rivière, de manière à éviter les fortes rampes de Duranus, ou créer une déviation qui, se détachant de la route à Saint-Jean, longerait le cours de la Vésubie jusqu'à son embouchure dans le Var, pour s'amorcer à la ligne des chemins de fer du Sud-France, alors en construction.

L'enquête qui s'ensuivit fut favorable à ce dernier projet : toute la vallée de la Vésubie exulta ; ses représentants à l'Assemblée départementale, MM. Poullan père et fils, sans oublier le Docteur Louis Thaon, s'en firent les ardents champions et, grâce à leur inlassable ténacité, la déviation du Ciaudan était livrée à la circulation, dès l'année 1894.

Non longtemps après, l'Assemblée départementale vota la création du réseau des tramways départementaux; chaque vallée voulut son tram. A celle de la Vésubie on accorda la priorité, estimant avec raison que, par l'importance de sa population et l'intensité de son trafic, elle pouvait donner un rendement plus immédiat et plus avantageux que toute autre. Cette ligne fut donc poussée avec activité, si bien que le 19 septembre 1909, on inaugurait solennellement, par un banquet offert par la Municipalité et qui réunissait plus de 200 convives, l'ouverture de la ligne des tramways de la Vésubie. Un procès-verbal inséré au registre des délibérations du Conseil Municipal de cette commune consacre le souvenir de cet heureux événement.

Quelle joie exubérante pour la population à entendre le sifflet strident de la locomotive, à voir le monstre fumant et haletant entrer en gare ! C'était à crier au miracle. Cette allégresse, hélas ! fut encore plus éphémère que l'éclat des roses, car ce même jour, à son retour à Nice, la machine, à bout de souffle, restait inanimée sur la voie.

Sur ces entrefaites, on procédait à l'électrification de la ligne et, les travaux achevés, la vapeur céda la place à l'électricité.

Mais cette innovation n'apporta pas grande amélioration à l'entreprise; de fréquentes et fâcheuses déceptions s'ensuivirent qui firent amèrement regretter aux Vésubiens l'enthousiasme avec lequel ils avaient opté pour la déviation du Ciaudan. Il est vrai qu'à ce moment-là la question des tramways départementaux n'était pas née, car si cette création avait pu être prévue, il est indéniable que la préférence de la vallée tout entière serait allée vers le projet de rectification de Levens-Saint-Jean, qui l'aurait fait bénéficier de la ligne des trams de Nice-Levens, construite dans de meilleures conditions de solidité que celle du Ciaudan dont le sol instable est la cause de fréquents éboulements, avec leurs désastreuses conséquences.

Malgré toutes les imperfections qui entachent cette organisation et en dépit des quolibets dont on se plaît à la gratifier, on doit reconnaître que la vallée de la Vésubie lui doit la majeure partie de son essor, qui justifie au-delà l'effort accompli par le Département pour l'établissement de ses tramways.

Il suffit, pour s'en convaincre, de jeter un coup d'œil sur les chiffres officiels qui me sont fournis par l'Administration de la Compagnie exploitante, relativement à l'année 1918. Remarquons que ce qui donne encore plus d'éloquence à ces chiffres, c'est qu'ils ne s'appliquent qu'au mouvement des voyageurs et des marchandises partis de Saint-Martin ou arrivés dans cette gare, abstraction faite de celui qui se produit dans les autres localités, entre Nice et Saint-Martin.

Nombre de tickets délivrés par la gare de
Saint-Martin 7.836
Nombre de tickets délivrés par la gare de
Nice sur Saint-Martin 4.880

Total..... 12.716

Marchandises expédiées par la gare de Saint-
Martin .... *tonnes* 10.478
Marchandises reçues en gare de Saint-Martin 10.900

Total.....*tonnes* 21.378

La différence entre les tickets délivrés par la gare
de Nice, soit 2.956, représentant le nombre des tickets
délivrés à Nice pour les voyageurs à destination des
localités intermédiaires, il s'ensuit que Saint-Martin
entre à lui seul pour un peu plus de deux fois et demie
dans le mouvement global des voyageurs.

Je ne puis préciser le tonnage des marchandises
reçues ou expédiées par les gares intermédiaires, mais
si l'on considère que ces localités sont très productives,
on peut sans risque d'exagération, presque tripler le
nombre de 21.378 tonnes, représentant le trafic qui a
lieu entre Saint-Martin et Nice et vice-versa.

Il est hors de doute que le rendement de la ligne
de tramways de la Vésubie ne fera que s'accentuer de
plus en plus par la fréquentation toujours croissante de
cette vallée et par l'exploitation intensive de ses
richesses naturelles.

En 1893, l'éclairage électrique de la ville vient rem-
placer l'éclairage au pétrole que 19 réverbères à peine
distribuaient avec parcimonie. Saint-Martin peut se

vanter, après la Roche-sur-Foron, en Savoie, d'avoir été la première ville de France ayant adopté l'électricité comme mode d'éclairage public. Précédemment exploité par un concessionnaire, ce service a été municipalisé il y a une dizaine d'année ; il convient cependant d'ajouter que, pour en obtenir les résultats que les consommateurs sont en droit d'en attendre, il convient que des améliorations soient apportées au matériel et à son utilisation. C'est ce travail que la Municipalité se propose actuellement de réaliser.

Ici s'arrêtent les évolutions que Saint-Martin a subies pour devenir ce qu'il est actuellement; mais bien des desiderata restent encore à réaliser, avant qu'il atteigne la limite de progrès compatible avec les exigences de la vie moderne.

Les éloges flatteurs que des écrivains distingués lui ont décernés, le choix que les alpinistes en ont fait comme centre de leurs excursions dans cette région des Alpes, la plus intéressante de toutes; les conditions de séjour; l'excellence de son climat; l'attrait de ses paysages; *l'absence absolue de moustiques*, toutes ces raisons qui ont valu à Saint-Martin une légitime réclame, se justifieront bien mieux le jour où des conditions d'hygiène et de confort y seront réalisées, où des voies, s'irradiant dans les forêts, permettront à l'étranger de commodes et agréables promenades, où des distractions viendront occuper les loisirs des journées maussades, lorsqu'enfin la main de l'homme s'efforcera à seconder l'œuvre généreuse de la Nature.

Toutes ces améliorations sont en perspective et pourront être rendues effectives quand le classement de cette commune comme station climatique sera obtenu.

« Comment oublier, s'écria Padovani, cette coquette station de Saint-Martin-Vésubie, résidence estivale préférée de la bourgeoisie niçoise, coin de Tyrol alpestre dont le renom et l'attrait croissent de jour en jour et qui distance ses rivales voisines de toute la faveur que lui méritent son val ombreux, ses sources limpides et son cirque de montagnes, réservoir d'air frais dont chaque nuit renouvelle la vivifiante vertu ? Qui ne s'est récrié, au tournant de la route, sur l'admirable entrée de sa vallée, sur le pittoresque de ses pentes dévalant, boisées, jusqu'à la rivière, et où, dans le clair-obscur de la châtaigneraie, éclate le crépi blanc de tant de silencieuses villas faites à souhait pour héberger le farniente et la rêverie ? »

Le regretté Padovani voyait Saint-Martin avec ses yeux de poète; mais il est douteux que, par ces temps de positivisme, son opinion eût obtenu la majorité des suffrages.

EXCURSIONS

Agrément d'un Guide Descriptif et Anecdotique

L'impulsion donnée depuis quelques années à l'alpinisme a développé le goût de ce sport à un tel degré qu'il n'est plus un seul Français tant soit peu valide qui ne le pratique avec ardeur.

La section du Club-Alpin des Alpes-Maritimes, présidée avec tant de distinction et de compétence par M. le chevalier Victor de Cessole, ne pouvait que seconder cet élan, d'autant plus que, placée dans un milieu privilégié, elle y trouvait les éléments nécessaires pour y exercer toute son activité.

Dans des bulletins très soigneusement présentés nous lisons périodiquement les résultats de ses intéressants travaux qui, malheureusement, à l'instar de toute monographie, ne portent que sur des points isolés et non sur l'ensemble. D'autre part, les guides mis entre les mains des excursionnistes, bien que coordonnés avec toute la clarté et la précision désirables, ne constituent qu'une nomenclature froide et aride de sites peu faite pour être consultée avec agrément.

Il m'a semblé dès lors qu'un guide conduisant, pour ainsi dire pas à pas, le promeneur dans ses sorties et lui signalant par avance tout ce qui pourra l'intéresser tant au point de vue topographique qu'historique et anecdotique, comblerait une lacune et serait favorablement accueilli. *Bien connaître le pays que l'on visite, c'est presque déjà l'aimer.*

Les excursions dont j'ai tracé l'itinéraire sont celles que tout estivant adonné à l'alpinisme doit pratiquer : elles sont au nombre de treize, assez par conséquent pour qu'il puisse, sans fatigue excessive, satisfaire son goût durant sa villégiature à Saint-Martin.

Quant à l'évaluation des distances et du temps nécessaire pour les parcourir, je me suis inspiré de ma propre expérience, mise sous le contrôle de guides éprouvés. On connaît l'aventure de ce voyageur qui, incertain de la durée du trajet qu'il avait à effectuer pour atteindre son but, interrogea un casseur de pierres rencontré sur la route. Pour toute réponse, celui-ci se bornait à regarder l'inconnu à travers ses lunettes grillagées. Maugréant contre le rustre qui s'obstinait dans son mutisme, le voyageur reprit son chemin. Il n'avait pas fait cent pas qu'une voix l'appelle ; il revint alors vers l'ouvrier qui tout de go de lui dire : « Monsieur, il vous faudra ben une heure. » « Vous auriez pu me répondre tout de suite », répliqua le voyageur ; et le casseur de pierres de riposter du tac au tac : « Fallait ben savoir avant de quel train vous allez ! »

Rien n'est plus variable que la rapidité de la marche en montagne selon les individus. Ceux qui ont assisté aux *Courses alpines,* pratiquées à Saint-Martin, ont vu nos montagnards franchir en sept minutes une distance qui paraissait exiger près d'une heure pour être parcourue. Autre exemple : dans un match ouvert il y a quelques années, le circuit de la *Cascade à la Cascade par le Pas des Ladres, la Madone et Saint-Martin* qui ne comporte pas moins de sept à huit heures a pu être bouclé en trois heures 9 minutes et l'heureux vainqueur avouait ingénûment *ne pas s'être foulé la rate !*

Je me suis bien gardé des extrêmes, sachant que si l'entraînement peut souvent donner des jarrets d'acier, il est certaines personnes qui ne peuvent s'accommoder que d'un pas modéré.

Pour excursionner point n'est besoin de s'alourdir de trop de vêtements; ceux que l'on porte habituellement, un plaid, un gilet de flanelle de rechange, de fortes chaussures, des molletières, un alpenstock et un cordial doivent constituer tout l'équipement. Laissons cordes et piolets à ceux qui, dans l'intérêt de la science et au risque de leur vie s'aventurent sur des pics redoutables.

Les sites que je me propose de faire visiter n'offrent aucun danger ; tous sont d'un accès facile pour l'excursionniste prudent qui n'a qu'à mesurer les forces physiques dont il dispose à l'effort à faire. Lui faire partager mes propres impressions ou lui en faire naître de nouvelles, tel est le plus cher de mes vœux, puisse-t-il se réaliser. » (1)

---

(1) La section des Alpes-Maritimes du Club Alpin Français a créé, en 1887, une compagnie de guides et porteurs qui compte actuellement, à Saint-Martin-Vésubie :

Guides : Plent Jean, guide de 1re classe ; Guigo Paulin, Bernart Hippolyte et Ciais Louis, guides de 2e classe.

Porteurs : Barel Joseph Corniglion Célestin, Nafta Charles.

Ils sont porteurs d'un carnet individuel sur lequel figure la liste des courses avec les horaires et les tarifs.

Première Excursion

VENANSON (1151^m)

Une heure et demie

Le petit village si hardiment campé sur l'arête à laquelle il est accroché surplombant, à l'Est, un énorme à-pic de roche vive, est bien fait pour tenter notre première sortie. Que Venanson est beau à voir en ce moment où la toiture de son église flamboie sous la traînée des derniers feux du soleil couchant, allant verser des coulées d'or sur les pentes gazonnées du Tournairet et du Siruol !

Deux chemins partent de Saint-Martin pour se joindre et se confondre en un seul qui est la route d'accès au pittoresque village. Le premier est un raccourci qui se détache de Saint-Martin à la porte Sainte Anne et dévale par une pente rapide vers le Borréon que franchit le Pont des *Faciarias*.

Le touriste qui le traverse ne peut se douter des dissensions et des sourdes inimitiés que ce pont, conjointement à d'autres questions de pâturages, avait allumées entre les habitants de Saint-Martin et ceux de Venanson.

Déjà, en 1447, des transactions étaient intervenues pour la délimitation des pâturages entre ces Communes et pour fixer la part revenant à chacune d'elles dans les frais d'entretien et de réparations du pont; mais ces arrangements demeurés sans effet n'avaient fait que rendre plus vivace l'âpre animosité entre les habitants des deux communes. Enfin, en 1775, le Duc Emmanuel Philibert se trouvant de passage à Saint-Martin fut choisi comme arbitre et l'auguste Souverain put, par un accord équitable, ramener l'entente et la concorde parmi ses sujets.

Le torrent franchi, le chemin s'élève brusquement à flanc de montagne pour aller se raccorder avec la route carrossable.

La seconde voie est celle qui semble prolonger au Nord le boulevard et qui, laissant à droite le chemin du Borréon, s'avance à travers de riantes prairies jusqu'au gracieux pont de granit jeté sur le Borréon. Au delà de ce point, la route s'infléchit vers le Sud et après avoir donné naissance au chemin qui, plus tard devra relier les vallées de la Vésubie et de la Tinée, longe en pente douce tout le flanc du pittoresque Conquet, et surplombe en corniche toute la vallée jusqu'à Venanson, son point terminus. C'est à travers les pics qui hérissent les hauteurs dominant la route qu'avant la guerre, à l'occasion de la fête patronale, se déroulaient les *courses tyroliennes*, si goûtées des amateurs de sports violents.

Durant tout le trajet dont le parcours n'est pas moindre de cinq kilomètres, le regard se promène agréablement sur les montagnes qui, à l'Est, se profilent dans de vagues teintes bleutées jusqu'à *Peira-Cava*, tandis qu'à l'Ouest le Siruol avance sa croupe allongée et sombre, au loin, vers le fond de la vallée verdoyante que sillonne la capricieuse Vésubie.

A deux kilomètres environ du point de départ, la route court au pied d'un énorme rocher strié de jaune et de noir auquel un jeune bosquet de pins semble faire une élégante collerette. Dans une partie de cettte masse la nature a creusé une excavation que certaine imagination féconde a baptisée de *Trou du Diable*. On prétend que sous la Révolution elle servit de cachette, pour soustraire au pillage les ornements et vases sacrés appartenant à l'Eglise.

Quelque cent mètres plus loin, la route fait un coude et s'enfonce assez profondément dans le vallon des *Champons* qu'elle contourne pour reparaître à nouveau. Enfin, trois crochets lui font gagner de la hauteur et l'amènent à une terrasse qui sert d'avenue à Venanson.

Nous y entrons comme dans un pays que les habitants chassés par l'ennemi auraient évacué : pas âme qui vive dans les rues étroites, alignées sur le flanc Ouest de l'éperon que le *Suc des Espivols* avance comme une proue de navire dans la verdoyante châtaigneraie.

Le village n'offre rien de particulier ni de caractéristique; mais la petite chapelle placée à sa gauche, comme pour en garder l'entrée, dédommagerait amplement à elle seule le visiteur de sa course si déjà il n'en était récompensé par la beauté des sites parcourus.

Ce modeste édifice religieux, classé comme monument historique, remonte à l'année 1431. Des peintures ornent les murs latéraux et celui du fond, au-dessus de l'autel. Peu familiarisé avec la Vie des Saints, je dois à l'extrême courtoisie de l'éminent artiste, M. Mossa, de pouvoir donner l'explication de quelques-unes de ces peintures qui représentent divers épisodes de la vie de Saint Sébastien auquel la Chapelle est dédiée.

Ici, c'est l'empereur Dioclétien octroyant au futur martyr les éperons de Chevalier; à côté, on voit Saint Sébastien visitant Saint Marc et Saint Marcellin dans leur prison; un autre tableautin représente le Saint brisant les idoles devant l'empereur; un autre enfin le montre rapportant à Dioclétien le faisceau de flèches dont on a vainement essayé de transpercer son corps. Toutes ces peintures sont d'une charmante et naïve originalité : il est profondément regrettable que ces vestiges vénérables de l'art primitif ne soient pas l'objet d'une plus vigilante sollicitude : le pinceau du maçon a, en effet, effacé quelques unes des peintures et celles qui subsistent encore ne sont qu'imparfaitement protégées contre les intempéries par la toiture défectueuse de l'édifice.

Si vous voulez bien, nous descendrons un tantinet, en suivant l'arête jusqu'à la dernière habitation. Ici, le rideau se lève sur le plus beau panorama qui se puisse voir. Au Sud, la masse sombre du Siruol (2.015 mètres) sur laquelle se détache la modeste Maluna avec ses verts noisetiers : un peu à l'Ouest, le Tournairet (2.085 m.) et sa forêt moutonnante à laquelle font suite en remontant vers le Nord les cimes dénudées de la Combe (1.975 m.), la Cialancia (2.098 m.), la Tête de

Clans (2.076 m.) et le Caïre-Gros qui rattache la chaîne
à la Colmiane. Cet ensemble de montagnes décrivent
un cirque imposant, du plus heureux effet, enserrant
un vaste bassin de verdure que baigne le *Rio de
Venanson*.

S'il est vrai que les peuples qui n'ont pas d'histoire sont les plus heureux, on ne saurait nier à celui
de Venanson une large part de félicité. Son origine et
les diverses phases de son existence nous sont incon-
nues. Raiberti, qui a fouillé avec un soin méticuleux
l'histoire locale, s'appuyant sur une Charte du 15
mars 1067, conservée dans le Recueil des Actes du
Chapitres des Chanoines de Nice, cite la donation
faite par Hugues Rostaing à l'église Sainte-Marie de
Cimiez des dîmes dues par Venanson et d'une partie
du Château que ce seigneur y possédait.

• Du château plus rien ne subsiste; il est à présumer
qu'il était bâti sur l'emplacement qu'occupe actuellement la partie haute du village.

La population compte 275 habitants, travailleurs
infatigables, économes et qui se montrent plutôt réfrac-
taires aux habitudes de bien-être et de douce indolence
que la fréquentation de l'étranger a une tendance à
imprimer à leurs voisins Saint-Martinois. Il n'est point
d'indigents parmi eux; les produits du sol leur suffisent pour satisfaire aux besoin d'une vie simple et
sobre. La Commune elle-même passe pour une des
plus riches de France, si on tient compte de l'importance de sa population.

Venanson possède de belles grottes de stalactites
et de stalagmites que le touriste peut aller visiter en

quarante minutes, en prenant le chemin, qui au versant Ouest, descend rapide au Rio, après avoir traversé l'agglomération de granges située à un quart d'heure du village.

REFUGE DE LA MAÏRIS

LAC DE TRÈS-COLPAS

Deuxième Excursion

De Saint-Martin à la Madone de Fenestres

3 Heures

Déjà le soleil a commencé sa course vers l'Occident et dans quelques instants ses rayons tamisés à travers les sapins de la Colmiane ne darderont plus leurs feux cuisants sur le vallon de la Madone.

Armés de nos bâtons ferrés, nous quittons mon guide et moi, Saint-Martin, nous engageant dans le chemin qui, au sortir de la ville, contourne à droite le Corps de garde des Douanes. Nous saluons en passant l'Hôpital-hospice où les malades et les déshérités de la fortune trouvent un refuge contre leurs souffrances. La Chapelle Saint-Antoine, vétuste et désaffectée, qui se trouve en face, est loin de rappeler l'origine illustre de sa fondation par les Chevaliers du Temple. Aux environs s'élèvent déjà plusieurs gracieux chalets. Ce quartier était menacé autrefois par les crues du vallon de la *Fontassa* qui le domine. Mais la Municipalité d'alors avait eu la précaution de céder gratuitement ces terrains ravinés à des indigents, à la condition de les restaurer et de les boiser. Grâce à cette sage mesure tout danger est désormais conjuré et ce quartier, par son orientation,   son élévation et sa luminosité est appelé à un avenir certain.

Le chemin traverse en pente douce les campagnes fertiles de *Saint-Antoine* et de *Gaudissart*. Chemin faisant, mon guide me narre que jadis un loup de taille extraordinaire et *possédé du mauvais esprit* jetait l'effroi dans toute cette région : de nombreux moutons et des enfants avaient été dévorés; plusieurs battues avaient été en vain organisées contre ce fauve qui avait le don de *repousser les projectiles* des armes à feu. L'exorcisme lui-même s'était montré inefficace. Les méfaits se renouvelant sans cesse plus audacieux, les paysans décidèrent un jour d'en finir à tout prix; ils se portent sur les lieux, armés de fourches et de bâtons; la bête monstrueuse les attend, prête à fondre sur qui l'approchera. Un homme courageux se détache alors d'un groupe de rabatteurs « Quand même tu serais le diable en personne, cria-t-il au monstre, je t'aurai » et, rapide comme l'éclair, il s'élance contre lui qui se dresse soudain, la gueule béante. Un combat terrible s'engage, l'homme cherchant à étouffer dans l'étau de ses bras robustes le loup qui de ses crocs acérés laboure les chairs de sa victime. Aussitôt les autres chasseurs accourent, les gourdins noueux s'abattent à coups redoublés sur la bête qui, assommée, finit par s'affaiser sans vie sur le cadavre pantelant de celui qui s'était dévoué pour le salut commun.

J'écoutai sans conviction ce récit qui à défaut du mérite de la vraisemblance avait celui de me distraire et de rappeler une ancienne légende.

Le chemin nous conduit maintenant au quartier *Vese*, nom qui rappelle une origine ligure : ici, le lit du torrent qui coule presque à plat s'étale largement sur le gravier : l'*Embossoïra* lui succède, dominé par la *Lauza*, piton élevé à plus de cent mètres, dont le large plateau légèrement incliné en avant surplombe le chemin.

Mon guide qui ne me fait grâce d'aucun détail pouvant m'intéresser, me fait le récit d'un combat livré par deux aigles d'énorme taille à des chasseurs venus pour s'emparer de leurs petits dans l'aire qu'abritait une anfractuosité du rocher. Un jeune homme solidement attaché à une corde devait se laisser glisser jusqu'à hauteur du nid, juste pour l'atteindre, tandis que les autres chasseurs avaient à tenir en respect, à coups de fusil, les terribles parents résolus à défendre leur progéniture. La lutte fut longue, mais l'instinct de la conservation l'emportant enfin sur celui de la maternité, les oiseaux rapaces désertèrent le lieu du combat et les deux aiglons furent arrachés à leur nid et sacrifiés.

Un peu plus haut nous franchissons le vallon de *Madame* : une simple borne de pierre de taille, placée au bord du chemin, nous indique que nous allons quitter le sol français pour entrer dans le territoire italien. Presque en face de ce vallon, un pont jeté sur le torrent joint les deux côtés de la vallée et s'amorce sur la rive gauche à un chemin qu'il y a quelque trente ans le curé, M. Guigo, y avait fait construire, en remplacement de l'actuel, pierreux et trop ensoleillé. Il est profondément regrettable que ce chemin si pittoresque, frayé tout entier dans la forêt, ait été en partie détrut par les avalanches ou par l'exploitation des bois et que l'on n'ait pas jusqu'ici songé à le rétablir.

Une heure de marche depuis le départ de Saint-Martin nous fait arriver à la *Balma*, énormes rochers qui, par leur amoncellement, forment un abri naturel en cas de mauvais temps.

Aux *Pontés*, le chemin, soutenu par un mur élevé que bat l'eau du torrent, rase la roche taillée à pic. Nous traversons les *Gravasses* où le lit pierreux et en grande partie sec du torrent s'élargit sensiblement et, après nous être désaltérés à la délicieuse source de la *Peghiera* qui jaillit sur notre passage, nous atteignons la région du *Devensé* dont la vacherie se tient blottie dans les grandes arbres de la rive opposée.

Une demi-heure plus tard nous trouve au vallon de la *Poncia*, site remarquable par les avalanches de neige qui s'en détachent, tous les printemps. Il me souvient d'avoir vu, il y a quelques années en ce même endroit, les effets de cette grandiose manifestation de la nature. L'avalanche glissée du sommet du vallon s'était précipitée, vers la fin Mai, au fond de la vallée, barrait le cours d'eau et remontait à une grande hauteur de la rive opposée, ayant entraîné avec elle des arbres gigantesques et d'énormes blocs de pierre arrachés, sur son passage, aux bords du vallon.

Au moment de ma visite, vers la fin juin, le chemin habituel était encore enseveli sous un monticule de neige qu'il fallait franchir pour rejoindre l'autre côté du vallon, tandis que l'eau du torrent s'était frayé une voie dans le barrage, comme sous un pont fragile qui ne devait pas tarder à s'effondrer à l'approche des fortes chaleurs.

Nous voici au raidillon : un chemin pierreux s'élève, pendant près d'une heure, en une rude montée à travers bois : encore un coup de collier et nous atteignons le *Pilon*. On désignait autrefois sous ce nom un humble Oratoire écroulé aujourd'hui d'où, les jours de pèlerinage, les fidèles revêtus de chapes blanches ou noires, suivant la Congrégation à laquelle ils appartenaient, se dirigeaient processionnellement vers l'église. Une longue esplanade sert d'avenue au sanctuaire qui en barre le fond, flanqué à sa droite de deux bâtiments vétustes et à sa gauche de la maison du Recteur et d'un Hôtel.

Au moment de notre arrivée, le soleil a depuis longtemps disparu; déjà les ombres noient le fond du vallon; au loin, dans des formes imprécises et vaporeuses, s'estompent les masses imposantes et crênelées des *Gélas*, du mont *Colomb*, du *Ponset*, aux sommets desquels l'astre du jour laisse encore accrochées quelques paillettes d'or. Tout serait silence et sans vie, sans le cri plaintif d'une chouette et le glapissement rauque d'un renard, résonnant dans la forêt voisine.

Nous profitons des quelques instants qui précèdent notre repas du soir pour rendre au Sanctuaire la visite que notre départ matinal pour les Gelas nous eût empêché de faire le lendemain.

Perdu pour ainsi dire au milieu de la grandiose nature qui l'entoure, le Saint édifice est d'une architecture assez primitive. Un grand mur lisse percé d'une large porte d'entrée et de deux fenêtres latérales donnant accès à une lumière discrète constituent la façade principale. Nous allions omettre de mentionner la petite ouverture du haut à travers laquelle une cloche lance aux fidèles ses appels sans écho.

A l'intérieur, même simplicité, nul ornement architectural. Des piliers aux formes massives et lourdes, bien faits pour résister aux poussées de la neige abondante qui, en hiver, pressent les flancs du Sanctuaire, supportent les trois nefs du vaisseau.

M. Bouillon, dans son ouvrage « Autour d'une église », ajoute : « l'autel est pauvre, les murs sont nus. Nulle richesse que celle de la prière, nulle splendeur que celle des larmes. Ici le cœur se brise plus volontiers et le Ciel se fait plus proche. Ce monument n'a pas d'autre gloire. »

Quelques *ex voto* sont accrochés aux murs. Une statue de la Vierge Marie tenant son divin Fils sur ses genoux trône au maître-autel ; elle remonte à la plus haute antiquité. Nous connaissions la légende attribuant à saint Luc la paternité de cette œuvre sculpturale qui, sauf la douceur des traits, ne nous paraît pas répondre à l'esthétique que nous concevons de la mère du Christ, belle entre toutes les créatures de Sion. (*Pulchra es Maria.*)

Notre visite achevée, nous nous rendons à l'hôtel où nous attend un substantiel repas dont l'appétit, aiguisé par l'air des sommets, et les truites pêchées à la rivière proche relèvent la saveur.

Notre voisin de table est un bon abbé, vieillard robuste, à la physionomie avenante, qui, depuis de très longues années assure à Fenestres, durant l'été, le service du culte. L'occasion nous semblait trop propice pour ne pas en user et nous renseigner sur le passé de ce vénérable Sanctuaire, riche assurément en souvenirs du plus grand intérêt. Nous l'interrogeâmes donc et, après un court instant de réflexion, l'obligeant recteur commença.

« La question que vous me posez, dit-il, est assez controversée. Il paraît cependant démontré que ce site a été connu dès la plus haute antiquité. Divers auteurs rapportent que, déjà au temps des Romains, des voies de communication reliaient cette partie des Alpes avec le littoral méditerranéen. Une d'entre elles, parcourant le versant septentrional des Alpes, en abordait le versant opposé par le Col de Fenestres, point le plus accessible de la chaîne, et arrivée au voisinage de Saint-Martin, détachait deux embranchements dont un suivait le cours de la Vésubie pour se diriger vers le littoral; l'autre rejoignait, par Saint-Dalmas-du-Plan, la route qui, venue du littoral, longeait la Tinée dont elle remontait le cours pour aller, à travers les montagnes, se raccorder avec les Basses-Alpes.

« Les premiers occupants dont l'histoire rappelle le souvenir ont été les moines bénédictins, auxquels Théodolinde, reine des Longobards et fondatrice de l'abbaye de Borgo San Dalmazzo (Pedona), avait fait don de tout le territoire depuis le Gesso jusqu'au Col de Fenestres. A cet ordre appartenaient aussi, par donation de la Maison comtale des Castellane, les terrains avoisinant les villages de Saint-Nicolas et de Saint-Dalmas-du-Plan, que les Bénédictins avaient érigé en prieuré sous la dépendance de la Maison abbatiale. De Saint-Nicolas, plus rien ne subsiste, sauf les murs d'enceinte et une infime partie de voûte d'un oratoire ou chapelle. Le touriste peut voir ces restes vénérables, à peine franchi le pont de Valdeblore jeté sur le Borréon et gravi le raidillon qui lui fait suite. C'est près de cette chapelle qu'en l'année 1287 se réunirent les arbitres chargés du partage des terrains de Nanduebis, entre les communes de Saint-Martin et de Saint-Dalmas-du-Plan.

« Cette région, à la nature farouche, battue par la tourmente et les orages, offrait les plus sérieux dangers pour le trafic auquel les habitants des deux versants avaient coutume de se livrer. Aussi, mus par un sentiment humanitaire, les Bénédictins conçurent-ils la généreuse pensée d'ériger, au pied du Col de Fenestres, dans un site moins exposé aux intempéries, un refuge pour les voyageurs en détresse. Une église y fut édifiée en l'honneur de la Mère de Dieu. Dans cette imposante solitude, dont le silence n'est interrompu que par le sifflement des vents et le murmure des eaux du vallon voisin, ces cénobites vivaient dans le recueillement et la prière. Cette vie de contemplative méditation ne devait pas, hélas ! longtemps durer. Vers le commencement du Xe siècle, en effet, les Sarrasins, qui avaient envahi toute la région des deux versants et qui déjà avaient incendié l'abbaye de Borgo San Dalmazzo, vinrent exercer leur sauvage fureur contre les Bénédictins de Fenestres, dont le temple et l'humble demeure devinrent la proie des flammes, l'autel abattu et les ministres massacrés.

« Combien de temps dura la période de désolation et d'abandon, je ne saurais vous le dire. Il n'est cependant pas téméraire d'admettre qu'après la défaite des Sarrasins par Charles Martel et leur expulsion de nos Alpes par le Comte Rotbald et autres seigneurs, le sol sur lequel avaient été érigés l'église et le monastère passa en d'autres mains. Ce qui tendrait à le démontrer, c'est la bulle de l'année 1246, par laquelle le Pape Innocent IV, ayant à trancher un différend qui divisait les Bénédictins de Borgo San Dalmazzo et ceux de l'abbaye de Saint-Pons, de Nice, au sujet de la juridiction sur certaines églises, attribua à ceux de Borgo San Dalmazzo l'église de Saint-Nicolas de Nanduebis, mais non celle de Fenestres, qui a dû être conservée à l'abbaye de Saint-Pons.

« Les Bénédictins avaient-ils abandonné leurs possessions de Fenestres et l'espoir de relever les ruines des édifices écroulés ? Cela paraît probable, car nous voyons, après la glorieuse participation des Templiers à la conquête des Saints-Lieux, cet ordre célèbre, dont les princes eux-mêmes ne dédaignaient pas de vêtir l'habit, être l'objet partout en Europe de généreuses donations. Bérenger IV, Comte de Provence et de Barcelone, l'enrichit des biens abandonnés à Fenestres par les disciples de saint Benoît, et d'autres terrains sis dans la vallée, entre autres celui sur lequel est édifiée la modeste chapelle de Saint-Antoine.

« Les Chevaliers du Temple ne tardèrent pas à reconstruire le Sanctuaire, le monastère et ses dépendances; le culte de la Vierge fut rétabli et la vie semblait animer à nouveau ces sites qu'un siècle et demi d'abandon avait convertis en une morne solitude.

« A l'instigation de Philippe le Bel, la puissance des moines du Temple s'écroula : accusés d'hérésie et

de simonie, ils furent dissous en 1307 par le Pape
Clément V, leurs biens confisqués et les membres de
l'ordre massacrés par milliers ; ceux qui habitaient à
Fenestres, dit une ancienne tradition, n'échappèrent
pas à l'arrêt de mort qui avait frappé tant de leurs
frères.

« Au dire de certains, l'ordre monastique des
Frères Hospitaliers, contemporain des Templiers, par-
tageait avec ces derniers l'administration du Sanctuaire. On a cru pouvoir puiser la preuve de l'existence
des Hospitaliers à Fenestres dans la requête que les
habitants de Saint-Martin avaient adressée, en 1457, à
Amédée IX, Duc de Savoie, pour en obtenir un subside
destiné à la réparation de la Maison hospitalière consu-
mée par les flammes l'année précédente, et à la réfec-
tion des ponts et du chemin emportés par une crue du
torrent de Fenestres. Mais cette affirmation me paraît
trop absolue ; en premier lieu, l'existence d'une maison
improprement appelée hôpital, uniquement destinée à
héberger les voyageurs en détresse, n'impliquait pas
nécessairement la présence des Frères Hospitaliers ;
deuxièmement, plus d'un siècle avant 1457, l'administration du Sanctuaire et de ses dépendances avait
été déjà confiée à un haut dignitaire du Chapitre des
chanoines de la cathédrale de Nice, auquel était donné
le titre de Commendataire de Fenestres.

« La Commende de Fenestres, qui avait compté
22 titulaires depuis 1335, date de sa fondation, cessa
de donner signe de vie en 1792, lorsque la Révolution,
ayant substitué le culte de la Raison au culte catholique, s'empara des biens ecclésiastiques déclarés
nationaux.

« La guerre entre la France et le Piémont allié à l'Autriche avait, dès le début des hostilités, attiré les belligérants dans la vallée de la Haute Vésubie. Après des alternatives diverses, les soldats de la République, restés maîtres du terrain, s'y fortifièrent et occupèrent le Sanctuaire converti en caserne. Là, les désordres auxquels se livra la garnison, composée en partie de sans-culottes, ne connurent point de bornes : le temple profané, l'autel renversé, les *ex voto* brûlés ; ce fut un vrai prodige si la statue de la Vierge, que tant de siècles avaient respectée, a pu être soustraite au vandalisme de l'inconsciente soldatesque.

« La paix conclue avec le Piémont en 1796 éloigna à jamais du Sanctuaire le poste que le haut commandement y avait établi.

« Par le Concordat signé en 1801, la quiétude était rendue à l'Eglise et la liberté au culte.

« Les habitants de Saint-Martin pourtant ne pouvaient songer sans regret à l'état de délaissement dans lequel était tombée la dévotion vouée au culte de la Vierge Marie. Mais, si l'avis des uns était de rebâtir le Sanctuaire plus à proximité de la ville, pour le secourir plus efficacement en cas d'accident, les autres, et ils étaient la majorité, estimaient pour des raisons multiples qu'il fallait absolument faire renaître le temple de ces mêmes ruines que l'injure du temps et le vandalisme des bandes marseillaises avaient amoncelées. Cet avis, soutenu avec la plus grande énergie par le curé-commendataire du moment, prévalut ; les populations de Saint-Martin et des environs se chargèrent à leurs frais de l'exécution des travaux et, en peu de temps, la statue de la Vierge, qui, pendant les troubles révolutionnaires, avait été tenue cachée dans une maison privée de Saint-Martin, put à nouveau, du haut de son autel, recueillir les hommages filialement respectueux de ses fidèles.

« Ces sites que vous voyez maintenant si déserts et solitaires, abondent en souvenirs. Demain, quand vous irez explorer la plus haute cime de nos Alpes, les traces de vos pas se confondront peut-être avec celles de saint Dalmas allant tomber sous le poignard d'un assassin, près d'Auriate, où il devait prêcher la nouvelle doctrine.

« Vous n'oublierez pas que, quelques années plus tard, toujours vers le milieu du troisième siècle, une partie du sentier que vous battrez a été parcourue par l'élégante litière pourpre et or, transportant dans ses Etats l'impératrice Salonine, à son retour de Berthemont, où elle avait recouvré la santé.

« Vous vous souviendrez que, par ces mêmes chemins, passèrent le Roi Robert de Naples et la Reine Jeanne; le Comte Rouge, allant recevoir les hommages de fidélité des Vigueries de Nice et de Sospel ; Charles III accourant pour combattre François Ier; le glorieux Duc Emmanuel-Philibert, venant à Saint-Martin pour y répandre ses bienfaits ; le Duc Victor-Amédée VII, se portant contre le Roi Soleil.

« Ces parages, enfin, si paisibles maintenant, évoqueront en vous le souvenir des sanglants combats qui, sous la Grande Révolution, se sont livrés entre les soldats de la République et les armées austro-sardes coalisées. »

J'écoutai ce récit avec un vif intérêt et j'eusse voulu de grand cœur prolonger une si agréable conversation si la randonnée du lendemain n'avait exigé une dépense de forces dont il était prudent de faire provision par quelques heures de repos. Je pris donc congé de mon aimable interlocuteur, non sans l'avoir chaleureusement remercié pour son intéressante communication.

Je gagnai donc ma modeste chambre avec le désir de céder au sommeil, mais mes paupières s'obstinaient à rester ouvertes et ma pensée, tenue en éveil par les choses naguère entendues, rapprochait les temps actuels avec ceux que tant de siècles recouvraient de leur poussière ; elle cherchait à retrouver dans ces lieux presque délaissés depuis l'ouverture de la route Paganino, à travers les éboulis et ces sentiers à peine marqués, les voies battues par nos ancêtres ; elle évoquait le souvenir des drames qui avaient ensanglanté la pauvre petite église et l'humble refuge.

Puis, je repris en moi-même l'histoire du Sanctuaire au point où l'obligeant recteur l'avait quittée ; c'est-à-dire au jour où le Concordat eût libéré les consciences et ramené le calme. L'administration du Sanctuaire et de ses dépendances fut alors confiée à la Fabrique de Saint-Martin, mais la commune, qui, avec les habitants, avait coopéré à la restauration des édifices, usait d'un droit de co-propriété. Ce droit, elle l'affirmait en intervenant aux adjudications des biens qui dépendaient de l'établissement. Il ne fallut rien moins qu'une transgression à cette coutume traditionnelle de la part de la Fabrique pour que la commune revendiquât ses droits. Après des procès qu'il importe peu de relater, une transaction entre la commune et la Fabrique reconnaissait à la commune un droit de co-propriété sur les immeubles de la Madone et en attribuait à la fabrique l'administration et la jouissance. La seule charge incombant à la fabrique consistait dans l'obligation d'affecter à l'entretien du chemin une dépense annuelle de 300 francs et de payer les contributions exigées par le fisc italien.

Cette transaction comportait encore un échange entre les parties contractantes de certains terrains qu'elles possédaient à proximité du Sanctuaire.

Tout allait pour le mieux, lorsque la loi du 9 décembre 1905 ayant supprimé les établissements ecclésiastiques, de nouvelles difficultés surgirent. Le gouvernement français pensa, un moment, que la Fabrique ayant cessé d'exister, il pouvait se substituer à elle et partant être capable de gérer la totalité des biens, de quelque nature qu'ils fussent, sous réserve de les transmettre aux établissements communaux de bienfaisance. Ces biens, comme tous les autres relevant de la Fabrique de Saint-Martin, furent donc, par arrêté du 14 décembre 1906, placés sous séquestre. La question de propriété ayant cependant soulevé des incidents et les droits de la Fabrique étant sujets à donner lieu à un procès long et coûteux, le séquestre s'en désintéressa et main-levée fut donnée par arrêté du préfet en date du 29 avril 1911.

Cette mesure fut approuvée par le Ministre de l'Intérieur, par dépêche du 13 septembre suivant, et l'administration des biens du Sanctuaire fit ainsi retour au curé de Saint-Martin.

Les choses reprirent dès lors leur cours normal, et le culte de la Vierge fut remis en honneur ; les populations de la Vésubie et des vallées voisines, sans omettre celles de la Roya, de la Bevera, du Gesso et de la Rivière de Gênes, revinrent à la pratique immémoriale des pèlerinages. Les habitants de Valdeblore, de Venanson et de Belvédère ne sauraient faillir, même de nos jours, au vœu tant de fois séculaire, fait par leurs ancêtres, de gravir chaque année, à jour fixe, la sainte montagne de Fenestres. On peut évaluer à cinq mille le nombre des fidèles qui s'y rendent. Il est vrai que parmi eux se glissent bien des soi-disant pèlerins qui y viennent dans un but de curiosité ou hantés par la perspective d'une partie de plaisir. Le regretté Padovani, qui, dans son admirable chronique consacrée à la Gordolasque, raconte sa visite à la Madone, un jour de pèlerinage, nous a laissé un tableau si fidèle de ses impressions, que j'ai un réel plaisir à le reproduire. « Comme nous contournions, dit-il, un dernier éperon des hauteurs boisées, le cirque rocheux où s'encadre le Sanctuaire nous apparaissait dans tout le relief et le dur éclat de ses cimes : le Neiglier, le Ponset, le Caire de la Madone et la double tétine des Gelas séparée par une fissure ombreuse, l'ardue cheminée où s'aventurent seuls les alpinistes qui ont le pied solide et le cœur bien accroché.

« Et, devant nous, au revers d'un mont absolument dénudé, dans un site où l'œil se déchirait sur la pierre, se détachait en façade grise le groupe de quelques maisons qui composent ce hameau alpestre : l'hôtel où gîtent les touristes, derrière lui le Refuge des pèlerins, un couvent de jadis, et unissant leurs bâtiments parallèles, la modeste église vouée au culte de la Vierge.

« Parmi les rochers, ânes et mulets, le bât ou la selle au dos, paissent le gramen, le licol lâché, évoquant assez bien l'image d'un de ces campements arabes où les bêtes attendent autour du douar en fête...

« Le paysage s'égayait déjà de la présence des premiers arrivants, s'intéressant à l'arrivée des suivants ; des robes claires de paysannes assises sur le parapet de la route y mettent un éclat de fleurs...

« Sur la petite place, entre l'église, le refuge et l'hôtel, la foule commence à grouiller, quoiqu'il soit à peine huit heures du matin. Combien sont-ils ces pèlerins passionnés, qui n'ont pas eu peur d'affronter ce regain caniculaire de septembre pour venir faire leurs dévotions à Notre-Dame de la Montagne ? De trois à quatre cents, peut-être... Ils s'attroupent aux éventaires où des forains ambulants dressent l'appât de leur pacotille. Les convoitises vont plutôt aux tables où, près des carafes d'eau fraîche, des bouteilles s'illuminent... »

Quels détails charmants le distingué chroniqueur eût ajoutés à sa description si, arrivé la veille à la Madone, il avait dépeint le feu d'artifice tiré au grand ébahissement de la foule, le grand feu allumé sur la place où, toute la nuit durant, des centaines d'hommes bivouaquent, les uns dormant enveloppés dans leurs grossières limousines, les autres fumant et devisant entre eux jusqu'au moment où, leurs devoirs religieux accomplis, ils peuvent prendre le chemin du retour chez eux.

CASCADE DE LA CERIEGIA

LAC NEGRE

Quel tableau vivant nous eût-il brossé de ces femmes couchées pêle-mêle par terre, dans le corridor contigu au Sanctuaire, attendant leur tour de se présenter au confessionnal, tandis que d'autres, dans un but de pénitence, font à genoux, un nombre incalculable de fois, le tour de l'autel, en marmonnant des prières !

La Madone n'est pas seulement un centre important d'excursions intéressantes ; elle est encore une résidence fort recherchée et qui mérite d'être recommandée, au moment des plus grandes chaleurs, aux organismes affaiblis. Son altitude (1.904 m.) et sa température maxima qui, en juillet, oscille entre 17 et 18° centigrades, la classent parmi les climats excitants. L'air y est d'une remarquable pureté et fortement ozonisé par le voisinage des forêts résineuses.

L'hôtel construit à côté du Sanctuaire offre, sinon tout le confort moderne, du moins les conditions requises pour en rendre le séjour agréable et salubre.

Origine du Sanctuaire et de la Statue de la Madone

Que la statue de la Madone soit le fait de saint Luc, c'est là une pieuse tradition que je me garderai bien de condamner, tout en reconnaissant que le Phidias Evangéliste ne perdrait rien de sa réputation d'artiste à décliner la paternité d'une œuvre d'une valeur contestable.

Le point vraiment digne d'examen est de savoir lesquels, des Bénédictins ou des Templiers, ont fondé le Sanctuaire, et l'ont doté de la Vierge que l'on y vénère depuis tant de siècles. Suivant l'abbé Alberti, la statue, apportée de Palestine par saint Eusèbe de Césarée, a été ensuite transférée au Sanctuaire par les Bénédictins. Par contre, dans une monographie traitant du même sujet, on lit qu'après l'extermination des Bénédictins par les Sarrasins, on vit, un jour, à travers la fenêtre du Mont Colomb, la Vierge entourée d'une lumière éclatante. L'auteur ajoute que plus tard les Sarrasins ayant envahi la Provence, la statue, d'abord cachée à Marseille, dans un monastère, avait été ensuite transportée par les Templiers dans les montagnes du bourg de Saint-Martin.

Il existe là une contradiction, puisque les Chevaliers du Temple n'avaient pas à transporter à Saint-Martin la Madone qui, déjà du temps des Bénédictins, avait apparu à la fenêtre du Mont Colomb et sur les édifices écroulés.

Dans un autre document, suivant moi apocryphe, il est dit que Marie-Madeleine, qui possédait la statue de la Vierge, la transporta à Marseille, d'où plus tard les Templiers la transportèrent dans la région montagneuse de Saint-Martin, où ils avaient édifié une église dédiée à Notre-Dame de Fenestres. A l'appui de son affirmation, le document invoque malencontreusement le témoignage de saint Damascène, qui vivait au huitième siècle, trois cent cinquante ans, par conséquent, avant la fondation des Templiers.

Il me reste donc acquis que c'est aux Bénédictins et non aux Chevaliers du Temple, que sont dues la fondation du Sanctuaire de Fenestres et la précieuse statue dont il a été doté.

Origine du nom de Fenestres

Lorsque, de l'esplanade du Sanctuaire, on tourne le regard vers le Nord-Est, on voit un gigantesque rocher haut de 2.531 mètres, paraissant s'être détaché du mont Ponset, qui le domine du côté Nord ; les gens du pays l'appellent le *Caïre de la Madone*. Tout près du sommet, son arête vive présente, du côté Ouest, une encoche de forme carrée dont la partie supérieure est fermée par un bloc de pierre glissé du haut et posé en guise d'architrave. Cette disposition donne à l'ensemble l'aspect d'une fenêtre permettant de voir, à travers, un coin du ciel.

Point n'est besoin, pour l'explication de ce fait, de recourir à des théories plus ou moins ingénieuses mettant en jeu les perturbations sismiques des premiers âges du monde. Suivant moi, l'existence de cette ouverture ne peut être attribuée qu'à des causes physiques très actives à ces altitudes, entre autres aux gels et dégels, ayant eu pour effet l'érosion de la partie plus friable de la masse rocheuse.

Cette fenêtre a pourtant revêtu aux yeux de la plupart des auteurs qui l'ont mentionnée, une importance telle qu'on lui attribue d'avoir donné le nom au *Col*, au *Sanctuaire,* au *Vallon* et au *village de Saint-Martin* lui-même (col, Sanctuaire, vallon, Saint-Martin de Fenestres).

Lazare Raiberti, dans son ouvrage *Aperçu historique sur le Sanctuaire de Notre-Dame de Fenestres,* dit que Charlemagne, voulant organiser l'administration de son vaste empire, avait fixé au col de Fenestres le point central vers lequel convergeaient les limites des Comtés d'Auriate et de Bredulo au versant Nord, et ceux de Vintimille, de Cimiez et de la Tinée au versant méridional.

D'autre part, l'érudit maire de La Turbie, M. Philippe Casimir, observe que, dans cette région, « la tendance générale des Alpes oriente les deux versants: celui du Sud, faisant face au soleil, épanche ses eaux droit vers les beaux pays de la Méditerranée proche; celui du Nord, que recouvrent des ombres quasi éternelles, les repousse vers le Pô, qui les porte dans la lointaine Adriatique. » De cette disposition géographique. il conclut que le nom de Fenestres ne peut être qu'une contraction de *Finis Terræ,* indiquant que la ligne de faîte est le seuil séparant deux pays différents.

Pour un motif analogue, Raiberti aurait pu dire avec raison que le Col de Fenestres était une vraie *fenêtre,* un *observatoire* d'où les *Missi Dominici* pouvaient exercer une surveillance active sur leur propre Comté et *ouvrir l'œil* sur les comtés voisins.

Il est à remarquer, en outre, que toujours dans les écrits civils aussi bien que religieux, l'appellation de Fenestres, au pluriel, est exclusivement employée, ce qui démontre péremptoirement que ce n'est pas l'unique et insignifiante ouverture existant au Caïre qui a pu donner à tous ces sites le nom qu'ils portent.

Et maintenant que j'ai exposé mon opinion sur l'origine du nom, qu'il me soit permis de relater un fait inédit qui se rattache à l'histoire du fameux Caïre. J'ai souvenance d'avoir aperçu, dans ma prime jeunesse, sur le point culminant du célèbre rocher, un poteau traçant sur l'azur du ciel sa haute silhouette et dont la raison m'était inconnue. Interrogé sur ce fait, un octogénaire du cru m'apprit que près de deux siècles auparavant un habitant de Saint-Martin nommé Ghibert, poussé par un vif sentiment religieux, forma le téméraire projet d'ériger une croix sur ce sommet réputé inaccessible ; il le réalisa pourtant. Ayant transporté à pied d'œuvre, on ne sait comment, les matériaux et les outils nécessaires, il se mit à la rude besogne. Son ouvrage n'était pas terminé qu'un coup de hache mal ajusté lui coupa presque entièrement le pouce de la main gauche; d'un coup de dents, il en compléta la section et se remit au travail jusqu'à son entier achèvement. Oh ! les miracles de la Foi !...

Ce qu'est le Caïre de la Madone, avec sa légendaire fenêtre, nous l'apprendrons un jour, dans tous ses détails les plus minutieux, par l'intrépide président de la section du Club Alpin de Nice, qui, par dix fois et de trois côtés différents, en a fait la terrifiante escalade. Quelle cuirasse protège donc le cœur de ces audacieux *grimpeurs,* dont les téméraires aventures ne se justifient que par l'amour de la science, par l'attrait de l'inconnu et de la difficulté à vaincre et par le désir d'ajouter, à la nomenclature des charmes de leur pays, le nom de nouvelles et grandioses beautés.

J'ajouterai que M. le Chevalier de Cessole a découvert, gisant dans une anfractuosité du Caïre, les restes de la croix jadis érigée par Ghibert.

Troisième Excursion

De la Madone aux Gélas (3143ᵐ)

3 heures trois quarts

L'heure du lever a sonné; après une toilette som-
maire et un réconfortant petit déjeuner, nous nous
mettons en route : il est trois heures; mon guide, un
falot à la main, ouvre la marche que la nuit épaisse
rend un peu hésitante. Tout entier au souvenir des
récits entendus la veille, je suis en silence.

En quittant la Madone, le sentier grimpe en zigzags au milieu d'éboulis : nous traversons le vallon
de *Rostagn* et, au bout d'une heure, nous atteignons
un énorme rocher plat où le chemin se bifurque :
nous laissons à notre gauche la branche qui conduit
au Lac de la Madone pour suivre, jusqu'à l'éperon
qui se détache des Gelas, le sentier de droite, perdu
dans une pente herbeuse. Après avoir traversé l'escarpement qui forme l'origine de la pointe *Saint-Robert,*
nous atteignons le lac *Mort* dont nous contournons
la rive Est. A partir de ce point, nous nous engageons dans un dédale de gros blocs que nous suivons,
pendant une heure, jusqu'au creux servant de déver-
soir aux névés qui descendent de Saint-Robert et des

Gelas. Nous le traversons en obliquant légèrément au Nord-Est, pour arriver par une pente gazonnée au plateau situé à la base du grand névé, au Sud des Gelas. En accentuant encore la direction à droite, nous aboutissons à la petite *Combe,* entre les premiers rochers de l'arête Sud-Est des Gelas et les barres de la roche *Risso.* Nous piquons alors droit au Nord, à travers des pierrailles et atteignons le plateau neigeux connu sous le nom de *Terrasse.*

Il est six heures, les unes après les autres, les étoiles ont regagné les profondeurs de l'infini : depuis une heure, le falot devenu inutile n'éclaire plus la marche, l'aube s'est levée radieuse dans un ciel d'une incomparable pureté.

Nous voici au pied du fameux couloir haut de 150 mètres que nous atteidrons, sauf encombre, dans trois quarts d'heure de marche dans les éboulis.

Le spectacle grandiose qui se déroule devant nous, nous cloue sur place et, assis sur la plateforme, nous contemplons le Lac *Long* encore endormi dans l'ombre, enchassé entre l'escarpement de la Terrasse et les précipices de la *Maledia.* Au loin, le satin et la moire aux bleuâtres reflets dont les montagnes s'étaient parées la veille au soir se sont maintenant changés en brocart tissé d'or et d'argent. Près de nous, une petite source glouglote doucement et les herbes folles frissonnent sous la bise froide.

Après une courte halte, nous reprenons notre ascension en nous engageant dans l'ardu couloir large de trois mètres; la marche est difficile, ralentie par les cailloux qui roulent sous nos pas. Nous avançons pourtant et atteignons enfin la selle neigeuse qui sépare les deux pointes hautes de 15 à 20 mètres, dont nous escaladons celle du Nord, dans le temps prévu. La foudre a détruit la boîte qui y était installée et qui contenait le carnet du Club Alpin sur lequel s'inscrivaient les noms des hardis visiteurs. Si la petite gloriole de nous voir cités dans les Annales du Club Alpin nous est refusée, nous aurons en compensation le souvenir des fortes émotions éprouvées.

Devant le spectacle féerique qui se déroule devant nous, nous ne pouvons retenir le cri d'admiration qui s'échappe de nos poitrines.

A l'Est, loin, bien loin, auréolées de lumière rosée, nous distinguons les Apennins, le Mont-Rose, le Cervin, la calotte du Mont-Blanc, le massif du Pelvoux.

Au Sud, sous le voile brumeux qui s'élève lentement, la Méditerranée confond l'azur miroitant de ses flots avec celui du ciel, tandis que dans ses anses harmonieusement découpées, nous devinons les villes enchanteresses du littoral et qu'à l'horizon se dessine la sihouette imprécise de l'île de Beauté.

Au couchant, se profilant sur des plans différents et dans des teintes dégradées, les Alpes de la Tinée, du Var et de l'Estérel abaissent insensiblement leurs croupes jusqu'à la mer.

Au nord, le regard s'arrête avec effroi sur les glaciers des Gelas et les gorges du *Prajet* et, plus loin, il plane satisfait sur la vallée du Gesso et les plaines du Piémont.

En présence de tant de magnificence qui confond l'esprit et étreint l'âme et devant laquelle l'homme se sent écrasé par le poids de sa propre faiblesse, on se demande quel instinct féroce arme les Nations pour les jeter les unes contre les autres, au point de s'en-tr'égorger.

C'est sur ce sommet élevé de 3.143 mètres que, le 22 août 1915, en présence de nombreuses grappes humaines accrochées aux flanc de l'inhospitalière montagne, une messe fut célébrée pour le triomphe des armées alliées.

Depuis quelques instants, tels que des vaisseaux ballottés par les vagues de l'Océan, des nuages plombés frangés d'argent flottaient dans le ciel, au-dessus de nos têtes et les crêtes environnantes : le guide me fait remarquer que c'est signe de mauvais temps et qu'il serait imprudent de s'attarder dans un site que le brouillard peut soudainement envelopper et rendre très dangereuse la descente de la cheminée. Un dernier salut au grandiose panoroma qu'une étroite échappée nous permet encore de voir et nous prenons aussitôt le chemin du retour. Nous dévalons rapidement la montagne et, après deux heures de marche ininterrompue, nous franchissons le seuil de l'hôtel. A ce moment même, de larges gouttes crépitent sur le sol, les éclairs sillonnent le ciel obscurci, suivis aussitôt de la grosse voix du tonnerre et du sifflement strident du vent que les échos répètent dans la vallée.

Onze heures approchent; c'est l'heure du déjeuner; nos estomacs, bien qu'exigeants, auraient mauvaise grâce à ne pas s'accommoder du succulent menu qui leur est présenté. Près de notre table, nous retrouvons l'excellent Chapelain tout heureux de notre retour au logis avant le déchaînement de la tourmente. Alors, il nous raconte l'histoire d'un garde forestier tombé pour toujours sous une violente rafale, de squelettes trouvés dans des crevasses, non loin du sentier battu, d'alpinistes qu'un faux pas a précipités dans l'abîme et plusieurs autres aventures également macabres.

Mais déjà, ainsi que cela survient pendant les orages d'été sur les hauteurs, le ciel s'éclaircit presque subitement et un joyeux rayon de soleil, venant se jouer à travers les facettes de nos verres, étale sur la nappe les couleurs dansantes du spectre. L'atmosphère prend une diaphanéité de cristal, les montagnes semblent s'être rapprochées de nous et, à l'instar d'un merveilleux écrin, chaque motte de gazon alourdie par les goutellettes de pluie charme nos yeux du feu de ses diamants, de ses topazes et de ses rubis. Encore quelques instants de repos et nous reprendrons le chemin qui, en deux heures et demie, nous ramènera à Saint-Martin où j'ai établi mon quartier général.

Quatrième Excursion

De la Madone à Saint-Martin par le Piagù

Cinq heures et demie

Mon guide, intrépide marcheur, me dit qu'un autre chemin d'une longueur double du chemin ordinaire, mais non désagréable, peut nous ramener par les crêtes. Je me tâte et constate non sans satisfaction que mes ressorts sont encore assez bien tendus pour tenter l'épreuve. Je m'y résous d'autant plus volontiers que cela me permet, en faisant d'une pierre deux coups, de visiter une région dont l'importance ne me semblait mériter de la choisir comme un but spécial d'excursion.

Je prends donc mon courage à deux mains et me voilà en route pour l'*Agnelliera* !

En quittant le Sanctuaire, nous longeons l'Esplanade jusqu'au Pilon que nous laissons à notre gauche et, nous élevant à travers quelques arbres clairsemés et des éboulis, nous traversons au bout d'une demi-heure le vallon de la Poncia. A partir de là, la pente s'accentue sensiblement, mais le gazon menu dont elle est tapissée adoucit singulièrement la marche. Durant deux heures et quart, l'ascension se poursuit lentement mais régulière jusqu'à la cime de l'Agnelliera située à 2.699 mètres. La descente par le versant opposé nous repose un tantinet de la longue montée et, en peu de temps, nous atteignons la *Baisse* de la *Maïris*, moins élevée de 473 mètres que l'Agnelliera. A quelques minutes de la Baisse, sur le versant du Borréon, se trouve le Refuge que M. le Député Poullan y a fait construire. Ce bâtiment, composé de deux rectangles placés en équerre, comprend, au rez-de-chaussée, deux grandes chambres et une cuisine, les combles étant réservés aux guides et porteurs. Les Alpinistes y trouvaient naguère encore, des lits avec les effets de couchage et tous les ustensiles dont ils pouvaient avoir besoin. Aujourd'hui, c'est lamentable à dire, tout le mobilier a disparu et le vandalisme s'attaque déjà à l'immeuble lui-même qui ne tardera pas à être réduit à l'état de ruine.

Sur cet étroit plateau qui s'avance avec de légères inclinaisons jusqu'au Piagù, se trouve le *Lagarouot*, petite nappe d'eau résultant de la fonte des neiges, qui, au printemps seulement, remplit une dépression du terrain.

Mon guide me dit que non loin de là, à proximité de la forêt, est le *Jeu*, site où, au printemps, coqs et poules tétras se donnent leurs rendez-vous d'amour, tous les ans cruellement troublés par l'inconsciente cupidité d'indignes chasseurs. Cette révélation m'a profondément ému. Comment concevoir qu'un homme puisse, sans songer au préjudice qu'il cause, se livrer à l'anéantissement des espérances résultant de ces rencontres voulues par la loi de la procréation ! Comment comprendre qu'au milieu de cette nature majestueuse qu'enveloppent les dernières ombres de la nuit, dissimulé par des branchages et indifférent aux tendres appels que s'adressent réciproquement les couples amoureux, un homme puisse presser la détente de son arme meurtrière et empourprer la neige du sang de ces gracieuses et innocentes victimes de l'immuable instinct auquel obéit tout être vivant !

Nous parcourons d'un pas alerte les légères ondulations qui, depuis la base Sud-Ouest de l'Agnelliera, s'étendent jusqu'au pied du Piagù. Il ne nous faut pas plus de vingt minutes pour atteindre cette dernière cime, sans avoir un seul instant depuis l'Agnelliera, cessé de fouler le tapis gazonné étendu sur l'étroit chemin qui couronne l'imposant massif séparant les verdoyantes vallées de Fenestres et du Borréon.

Nous voici à la *Couola-Bassa* : une sorte de plate-forme appelée *Nivol de l'Ase* (nid de l'âne), à peine assez spacieuse pour qu'un âne puisse s'y ébrouer sans grand risque de rouler le long d'une des pentes, marque le point où la crête s'élargit de plus en plus au fur et à mesure qu'elle s'incline : si bien que, dès les *Collets* jusqu'à sa base, la montagne s'arrondit en une croupe opulente que couvre une riche végétation.

Du Collet supérieur le regard du touriste est agréablement frappé par le panorama qu'il embrasse. Au Nord, l'Arcia allonge son vaste dos grisâtre et dénudé, ayant comme arrière-plans le Caïre Fourcia, gigantesque . rocher dont l'écartement des pointes laisse apercevoir plus loin le cône élevé des Belletz : au Nord-Ouest, le Balloùr (1), les Pépoïris, Nanduebis sur lequel se détache la Chapelle de la Trinité piquée comme une blanche marguerite sur son vert mamelon; à l'Est, les forêts sombres et touffues du *Lapassé*, de *Fouons-Freja* et du *Marre* avec leurs gorges profondes, creusées dans les flancs de la montagne; au Sud, le bassin verdoyant de la Vésubie, avec l'écran de massifs qui en barre le fond et, comme repoussoir, Saint-Martin aux toits bariolés enchâssé dans son écrin de verdure.

Il est à regretter qu'un site aussi privilégié soit aussi peu connu par le promeneur et qu'un chemin plus commode n'en facilite l'accès. Quelle richesse perdue là, faute d'un de ces canaux d'irrigation dont l'abondance dans d'autres quartiers du sol de Saint-Martin fait l'admiration des étrangers !

Pour terminer sa course et rentrer au logis, le visiteur a le choix entre deux sentiers qui, partant du Collet, se dirigent, l'un vers le Sud-Est pour aboutir au chemin de la Madone, au quartier Saint-Antoine, et l'autre pour s'embrancher, à l'Ouest, à la route du Borréon. Si le premier est plus court parce que plus

---

(1) Une vieille légende dit qu'un jour, dans une fameuse partie engagée entre les sorcières qui habitaient le Balloùr et celles qui séjournaient à la Maluna, au pied du Siruol, une d'entre elles laissa choir, par maladresse, l'énorme bloc qui leur servait de ballon.

C'est ce bloc (erratique) que l'on voit sur l'éperon formé par la Vésubie et le Vallon du Villars, qui a donné au quartier, le nom de *Pierre du Villars*.

déclive, le second allonge le trajet, mais le rend moins fatigant et offre plus d'attrait.

J'avoue que je n'ai qu'à m'applaudir d'avoir dérogé à l'itinéraire que je m'étais tracé à mon départ et je sais gré à mon guide de m'avoir fourni l'occasion de compléter mes connaissances sur les régions que j'avais visitées, par une notion plus nette de l'ensemble. En effet, de la crête qui s'étend de l'Agnelliera à la Couola-Bassa, le regard peut embrasser presqu'à la fois une bonne partie des vallées de Fenestres et du Borréon, en suivre les sinuosités et relever les diverses particularités qu'elles présentent. Je ne saurai donc assez conseiller au touriste d'imiter mon exemple : les jouissances qu'il éprouvera lui feront aisément oublier le léger surplus de fatigue.

LES ADUS PAVILLON POULLAN

LE TOURGRIT
Vallée de la Vienne

Cinquième Excursion

De la Madone à Saint-Martin

par le Pas-des-Ladres, Le Borréon (1) et la Cascade (2)

Cinq heures

Au vallon de Rostagn, près du rocher plat d'où se détache le sentier qui nous a conduits aux Gelas, nous prenons la sente située à gauche et à travers les éboulis nous gravissons les brusques zigzags de l'étroit chemin ouvert en 1873 par les soins de la Municipalité de Saint-Martin.

A neuf heures, nous touchons au Pas-des-Ladres, à 2.400 mètres d'altitude et dominant les vallées du Borréon et de Fenestres.

Il ne fait pas bon s'attarder sur cette crête battue par le vent qui souffle avec violence : aussi, nous hâtons-nous de dévaler le versant opposé de la montagne par un sentier rocailleux et découvert et bientôt voici apparaître le lac gracieux de *Très-Colpas*, affec-

---

(1) *Dans le Haut-Boréon*, par MM. DE CESSOLE et MAUBERT, Nice, 1898.

(2) Le mot Cascade est remplacé dans le langage local par celui de *Raï*, qui indique toute chute d'eau importante (Les Raï de la *Ceriegia*, de la *Madone de Peïra-Streci*).

tant grossièrement la forme d'un *trèfle*. Rien ne saurait exprimer le pittoresque de cette petite nappe d'eau réflétant l'azur du ciel, enclavée entre les éboulis de l'Agnelliera et le gazon. Un troupeau de vaches anime le paysage, les unes paissant l'herbe du bord du lac, d'autres immergées jusqu'aux genoux dans l'onde et s'y mirant, sous la garde vigilante d'un molosse.

Nous détachons à regret notre regard de ce riant tableau et, après avoir franchi les *Rios* qu'alimentent les névés des *Caïre de l'Agnel* et de *Cougourda,* nous arrivons à *Peïra-Strecia.*

Un sentiment de tristesse m'envahit en évoquant le souvenir du drame sanglant qui, en 1795 et à l'endroit même où nous nous trouvons, a clos la série des combats qui se sont livrés dans nos Alpes entre les soldats de la République et les troupes Austro-Sardes. C'est ici, en effet, qu'un poste français a été égorgé par des soldats faisant partie de l'expédition Bonnaud.

Poursuivant notre route, nous traversons le pont rustique qui, de la rive droite, nous met sur la rive gauche du Borréon, dans un sentier légèrement incliné, en pleine forêt.

Nous nous trouvons ici dans un centre où s'exerce l'industrie pastorale; aussi, nous n'allons pas nous en éloigner sans visiter la fromagerie. Deux édifices très bas semblent sortir à peine de terre : un d'entre eux, appelé *Alberc* dans la langage vulgaire, est l'officine où se fabrique le fromage : un homme frisant la cinquantaine, au teint hâlé et à la barbe hirsute nous reçoit et nous introduit. Dans l'âtre éteint une chaudière se balance, sur les parois rustiques et noires de la masure, sont suspendus divers ustensiles servant à la fabrication. Au fond de la pièce unique est placé un lit de camp formé de branchages et de mousse : c'est sur cette couche digne d'un anachorète que, durant quatre mois, le personnel de la vacherie repose ses membres harassés. Dans l'autre bâtiment appelé la *Cabane* auquel donne accès une porte très basse, les *formes* de fromage demeureront rangées sur des étagères superposées jusqu'à leur répartition entre les propriétaires.

L'organisation de ces vacheries dont on relève l'existence déjà en 1754 présente un caractère d'originalité qui mérite une mention.

Toute vacherie comporte un directeur ou *bandiotto*, un maître-fruitier, un aide et deux bergers.

Le directeur dont les fonctions sont gratuites est désigné par le sort, tous les ans, parmi les membres du Conseil municipal. Il dresse la liste des bêtes pouvant être admises dans sa vacherie. Au bout de la campagne qui se termine à la fin septembre, tous les produits sont partagés entre les propriétaires du bétail au *prorata* de la quantité de lait provenant de leurs bêtes et déterminée par des pesées faites à l'ouverture et à la fin de l'inalpage. On partage de même entre eux les frais de toute nature auxquels donne lieu l'exploitation. Une modique taxe d'un franc est, tous les ans, votée par le Conseil et versée à la caisse municipale pour chaque tête de bétail.

On est en droit de se demander pourquoi avec ces plantureux pâturages les produits obtenus sont si dissemblables entre eux et de si faible conservation. Il est aisé de répondre quand on sait que l'empirisme seul préside à leur fabrication. L'usage du thermomètre et de la présure titrée est entièrement inconnu. De plus, la propreté dans la manipulation n'étant pas la vertu dominante, des fermentations anormales se produisent qui compromettent la conservation des produits.

Pour nous rendre du Borréon à la Cascade, une petite heure nous suffit. Un pont nous ramène de la rive gauche sur la rive droite du torrent où s'érige dans une primitive simplicité ce qui reste de l'hôtel incendié en 1913. C'était au cœur de l'hiver; la nouvelle du sinistre à peine connue à Saint-Martin, des hommes se rendirent sur les lieux pour circonscrire l'incendie. De récentes empreintes de pas dans la neige révélaient le passage des auteurs présumés de l'incendie; on les suivit et on ne tarda pas à atteindre deux hommes se dépêchant de gagner les hauteurs. On les appréhenda : c'étaient deux Boches qui, pour passer la nuit à l'hôtel et s'y ravitailler, en avaient fracturé la porte d'entrée et y avaient mis le feu. On les conduisit sous bonne escorte à Saint-Martin; des instructions furent aussitôt demandées par les Autorités locales à la Préfecture et au Parquet; la réponse ne se fit pas attendre; ordre était donné de relaxer immédiatement ces maladrins, la loi française disposant qu'on ne peut arrêter un étranger sur le sol étranger. Il est vrai qu'en ces temps-là aucune humiliation ne nous coûtait pour ne pas éveiller la farouche et chatouilleuse susceptibilité de la Bocherie qui doit comprendre maintenant qu'elle a cessé de jouer le rôle de croque-mitaine. On relâcha donc les deux incendiaires arrêtés *sur le sol communal* et on les dirigea sur Nice après leur avoir assuré la gratuité du transport et les avoir lestés d'un confortable viatique.

Grâce aux réparations faites à son établissement, le tenancier a pu continuer à recevoir quelques pensionnaires, mais ce n'est pas avec une installation aussi primitive que pourra prospérer cette station qui, par son altitude (1.450 m.), par la proximité des forêts et son vaste horizon, devrait occuper un rang privilégié parmi les résidences estivales les plus appréciées.

Tout près de l'hôtel sis sur un vaste plateau gazonné, gronde la Cascade : enserré entre deux rochers, le Borréon se précipite d'une hauteur de plus de quarante mètres dans un gouffre que surplomblent des sapins poussés dans les crevasses des rochers et d'où il rejaillit en fine poussière s'irisant au soleil.

Immédiatement au dessus de la Cascade, le lit du torrent s'élargit et ses bords exhaussés le transforment en un vaste et profond bassin. On avait autrefois coutume d'utiliser ces dispositions presque natubelles pour le flottage des bois. Une porte que l'on ouvrait, après avoir rempli le bassin improprement appelé *écluse,* déterminait une crue qui enlevait les bois provenant des coupes et les transportait à une certaine distance où une nouvelle crue les reprenait pour les charrier plus loin, et ainsi de suite jusqu'à leur destination. Des hommes armés de longs harpons

facilitaient la besogne en maintenant les pièces de bois
au fil de l'eau. (1)

Nous quittons l'hôtel après nous être restaurés; la
chaleur est tombée et nous pouvons sans fatigue supporter les deux heures de marche qui nous restent
pour rentrer au logis.

De l'hôtel, la route descend par de rapides et multiples tournants jusqu'au bout de la rampe. Tout près
de là nous traversons le vallon de Salèzes puis, longeant la rive droite du Borréon, nous atteignons le
pont de *Serra-Crémaù* dont le milieu marque la
limite entre la France et l'Etat voisin.

A un kilomètre plus bas se trouve le poste des
douanes, dissimulé dans un amoncellement de
rochers. Pendant quelques centaines de mètres, le
chemin court sur une terrain presque plat, puis son
inclinaison s'accentue; encore quelques crochets et
nous arrivons à un point où la route se redresse et
sillonne d'onduleuses prairies au milieu desquelles on
voit les bassins de captage des sources qui alimentent
une partie de la ville.

Nous rencontrons le chemin du col Saint-Martin
et, quelques instants après, j'arrive au but désiré,
entièrement satisfait de ma journée.

---

(1) Quelle admirable trouvaille serait cet emplacement pour
l'édification d'un hôtel moderne, se prêtant également bien
pour un séjour d'été et d'hiver ! Et, par surcroît, quelle sédui-
sante attraction, si l'idée surgissait de convertir ce bassin en
une piste où le fervent du patin pourrait se livrer à ses gracieuses évolutions sur de la vraie glace compacte et unie !

Sixième Excursion

Du Pont de Salèzes au Lac Nègre (1)

Trois heures et 20 minutes

L'aimable lecteur que j'ai déjà conduit au Pas des Ladres ne m'en voudra pas de lui épargner la fatigue de parcourir une seconde fois le trajet que nous avons suivi en sens inverse depuis le pont de Salèzes jusqu'à Saint-Martin. Aussi, prenant comme point de départ le sentier qui se détache de la route de la Cascade, un peu en aval de ce pont, nous nous y engageons en suivant les tournants à proximité du vallon en certains endroits profondément creusé.

De grands trous béants se montrent à des hauteurs différentes de la montagne : nous en approchons et reconnaissons les trous des mines jadis exploitées par les Arabes : d'autres entreprises ont depuis lors vainement tenté de les mettre en valeur; la faible profondeur à laquelle les galeries ont été poussées semblerait indiquer que, vu leur faible rendement, ces mines n'ont pas été longtemps exploitées.

---

(1) *Excursions autour du Lac Noir*, par M. Victor DE CESSOLE, Paris, 1900.

Au bout d'une heure de montée en pleine forêt, nous quittons la rive droite du vallon pour passer sur sa rive gauche; nous y rencontrons presqu'aussitôt la Baraque forestière, puis la Cabane et guère plus haut les hangars de la vacherie de Salèzes. Quarante minutes de marche nous suffisent pour atteindre, de ce point, la source dite Ciardola. Je ne pouvais poursuivre mon chemin sans goûter de son eau dont les qualités m'étaient déjà connues; sa réputation, en vérité, n'est pas usurpée; jaillissant d'un terrain quartzeux, d'une limpidité absolue, d'une fraîcheur et d'une pureté remarquables, l'eau de Ciardola explique amplement l'excellence des résultats cliniques qui justifieraient les tentatives d'une exploitation commerciale.

Pour arriver au Col de Salèzes, il nous faut un petit quart d'heure ; nous en franchissons la cime (2.020 m.) et nous voici aux *Germas*, ainsi nommés à cause du riche tapis de gazon qui couvre la vaste clairière légèrement inclinée, ménagée au cœur de la forêt. C'est là, au milieu de cette nature grandiose où une modeste tente remplaçait les luxueux pavillons de Raconigi, de Monza et de Caserta, que Victor Emmanuel II, le Roi *Galantuomo* se livrait à sa passion favorite de la chasse au chamois.

Au fur et à mesure que nous descendons, la vallée se rétrécit et, à vingt minutes du col nous traversons le vallon de Mollières par le pont l'Ingolf. Une montée assez rude qui ne dure pas moins de vingt cinq minutes nous mène assez près du lac des Graveirès; nous poursuivons notre ascension, en appuyant à droite et quarante minutes après la nappe miroitante du lac Nègre s'étale devant nos yeux, majestueuse-

ment encadrée à droite d'un gigantesque rocher coni-
que et des *Bresses*, à gauche du *Giegn* et ayant au
fond, comme arrière-plan, la silhouette du *Tablas*,
semblable à un château fort avec son donjon et ses
poivrières.

Le lac Nègre, de forme ovale, par son étendue,
par son cadre imposant est, sans contredit le plus
remarquable de tous les lacs de la région.

Si la vallée du Borréon peut être comparée à celle
de Salèzes pour le pittoresque de ses sites et les dômes
de ses forêts, celle-ci l'emporte sur sa rivale en beauté
par ses richesses naturelles. Ici, une montagne tout
entière formée de kaolin, contraste avec les autres par
son aspect blanchâtre (*Vallon blanc*). Un peu plus
haut, dans la *Vallièra de Terras*, coule une source
abondante, comparable à celle de Ciardola : plus
haut encore, c'est *Nauceta*, avec ses bancs de granit
blanc, à grains fins, si bien taillés qu'ils semblent
avoir déjà subi le tranchant du ciseau.

Que de richesses inutilisées ! Mais déjà il me
semble voir des ouvriers éventrer la montagne *blanche* pour en extraire la précieuse matière ; déjà, par
la pensée, j'entrevois le jour où des câbles aériens
franchiront la vallée, charriant les blocs de granit
dont se pareront les édifices publics, les monuments
et les somptueuses demeures des riches.

Et mon imagination, devançant le temps, scrutait
l'avenir, tandis que de superbes truites alléchées par
la proie survolant le lac s'élançaient d'un bond vigoureux hors de l'eau pour y retomber aussitôt, pro-
duisant un remous qui venait en un doux clapotis
expirer au bord pierreux du lac.

Septième Excursion

Les Adus, le Pavillon de chasse Poullan

Le vallon de Salèzes nous réservera encore bien
des jouissances si nous en explorons un des coins qui,
en des temps heureux, voyait défiler de longues théories de visiteurs de marque, les uns à califourchon
sur de robustes et pasibles montures, les autres le
fusil sur l'épaule, escomptant les prouesses cyné-
gétiques du lendemain.

Ce coin charmant, c'est les *Adus*. Le chemin par
lequel on y accède se détache à 400 mètres environ,
en amont de la vacherie de Salèzes, de celui qui aboutit au col. Il traverse le vallon dont il joint la rive
droite et se prolonge, un quart d'heure durant, en
pente douce, sur un sol gazonné. Une montée rapide
de quarante-cinq minutes, tracée en zig-zag, lui succède et puis, par un sentier perdu dans la verdure,
nous arrivons à un petit plateau où se trouve la *Vastiera*, grand enclos servant de refuge aux vaches, pendant la nuit. Quinze minutes plus tard, nous atteignons le vaste plateau herbeux sur lequel s'élève à
2.180 mètres le pavillon de chasse que le regretté
député M. Poullan y a fait construire il y a quelque
dix ans, non loin d'un petit lac fournissant une excel-

lente eau potable. Ce bâtiment à la solide charpente pouvant défier la rafale, mesure neuf mètres de long sur six de large : il comporte un rez-de-chaussée, composé de trois chambres à coucher et d'une cuisine assez vaste pour, en cas de besoin, assurer le couchage de plusieurs personnes. La sage prévoyance de l'hôte et la délicate perspicacité de l'aimable hôtesse ont disposé toutes choses pour que leurs invités trouvent dans ce pavillon, avec le plus sympathique accueil, le plus agréable confort. Rien n'y manque ; un mobilier s'harmonisant de la plus heureuse manière avec ce site délicieux y est installé ; aucun ustensile n'y fait défaut. Des réserves abondantes de victuailles y sont emmagasinés : on se demande pourtant par quel magique artifice la bonne fée de l'endroit peut renouveler le prodige de la *multiplication des pains et du reste*, lorsqu'un surnombre exorbitant de convives non attendus arrivent à l'improviste pour prendre part au festin.

Les Adus étaient le rendez-vous auquel accouraient toutes les personnalités les plus marquantes du département, tous les amis disciples ou non de Saint-Hubert, tous ceux enfin que la grâce accueillante des hôtes avait honorés d'une invitation. Et c'est par cet attrait peu banal que Monsieur et Madame Poullan ont fait davantage connaître et aimer Saint-Martin.

De tout cela rien n'est plus. Avec la disparition du généreux propriétaire, les Adus sont tombés dans l'oubli ; quelque chasseur viendra encore en éveiller les échos, mais la vue du pavillon silencieux désormais et désert n'évoquera plus que le souvenir des heures de joyeuse humeur vécues sous ce toit hospitalier.

Finies ces inoubliables veillées où chacun racontait ses mirobolants exploits de chasse. Que de fois peut-être aussi un Tartarin glissé parmi d'authentiques Nemrod, assez maladroit pour rater son coup a eu un compagnon assez habile pour sauver la situation et empêcher la bande de rentrer bredouille.

Et pendant qu'une indicible tristesse m'envahissait à la pensée de l'abandon de ces lieux jadis si gais, il me semblait encore entendre l'hallali dont, certain jour de chasse, ils avaient résonné. Une meute avait battu la forêt, les chasseurs étaient à l'affût; un coup de feu avait retenti : presqu'en même temps, du haut d'un rocher, un fauve bondissait, roulait dans les éboulis et venait s'abattre au pied d'un arbre. Un chasseur accourait, se précipitait sur la bête pantelante qu'il achevait. Entre temps, un tout petit animal semblable à celui que l'on venait de sacrifier, rôdait autour, s'agitait, allait et venait, inquiet du sort de son compagnon d'infortune, sa mère. Apeuré, il allait se tapir dans un réduit où il était capturé : son jeune âge lui avait sauvé la vie, mais il ne tardait pas à être séquestré dans un étroit réduit, lui pour qui l'espace, la radieuse lumière des hauts sommets et la liberté étaient toute la vie.

La valeur de sa chair et de sa fourrure fait que le chamois est chassé à outrance, hors de proportion avec ses facultés de reproduction. On peut évaluer à une centaine le nombre des chamois tués tous les ans dans ces parages. Et c'est ainsi que petit à petit, le chamois, roi de nos Alpes, l'hôte le plus élégant et le plus gracieux de nos montagnes finira par disparaître entièrement.

Mon guide doublé d'un émérite chasseur, me fait part de certaines particularités intéressantes sur cette antilope.

« Le chamois, dit-il, vit en société, mais arrivé à un âge avancé, il quitte la bande pour aller vivre en solitaire dans un fourré, incapable désormais de défendre contre de jeunes et vigoureux rivaux ses prétentions à toute aventure amoureuse.

A la tête du troupeau se tient un chef de file qui en règle la marche et veille sur lui quand il broute. Admirablement servi par le sens de l'ouïe et doué du flair le plus subtil, il est rare de le surprendre en défaut. Au moindre évènement suspect, le chef dresse les oreilles, consulte le vent et aussitôt de ses naseaux enflés un siflement aigu s'échappe; l'éveil est donné et immédiatement, rapide comme l'éclair, toute la bande s'élance, bondit et n'arrête sa course qu'au signal de celui qui la conduit.

Le chamois a une prédilection marquée pour les substances salines; aussi le trouve-t-on parfois attardé en certains endroits par lui bien connus à lécher les roches qui paraissent en contenir.

En hiver, il se tient tapi dans le coin le plus touffu de la forêt où il se contente de brouter les jeunes aiguilles des pins et de la mousse. »

Huitième Excursion

Du lac Nègre aux lacs de Fremamorta

Une heure et demie

La région de *Fremamorta* n'est pas la moins inté-ressante à visiter : l'Alpiniste qui déjà a goûté les charmes séduisants des excursions du lac Nègre et des Adus éprouvera à Fremamorta les fortes impres-sions qu'inspire l'aspect d'un site imposant par sa rusticité et son vaste horizon, sans justifier pour cela son appellation, lugubre évocatrice de quelque vieille légende.

En quittant le lac Nègre et après une descente de vingt minutes environ, nous prenons, à notre gauche et à travers des éboulis, un sentier qui ne tarde pas à passer entre deux petits lacs. Nous en poursuivons les pentes plus ou moins déclives et, au bout d'une bonne heure de marche, nous atteignons la *Baisse du Col de Fremamorta* et les cinq lacs situés à son versant Nord et près desquels se trouvent des baraquements militaires italiens.

Peu de sites peuvent offrir à l'œil émerveillé un panorama comparable à celui qui de la Baisse, élevée de 2.649 mètres, se déroule sur la chaîne de l'*Argentera* éloignée de 4 kilomètres environ, sans que le moindre écran n'intercepte la vue des pics qui en émergent et dont l'imposante silhouette va progressivement en s'abaissant vers le Sud.

Au Nord, la Cime de l'Argentera, point culminant des Alpes-Maritimes françaises et italiennes, dresse sa tête altière à 3.213 mètres ; puis, lui font suite la cime du *Nasta* (3.106 m.), la cime du *Baus* (3.067 m.), la cime *Brocant* (3.054 m.) et enfin le *Clot-Aut* qui, avec ses 2.997 mètres, clôture la série de ces géants de la nature, tous bien dignes de stimuler l'ardeur des fervents de la montagne.

Fremamorta est la région préférée des marmottes : aussi je comptais bien ne pas achever mon excursion sans avoir le plaisir d'y rencontrer l'habitant le plus rustique de ces inhospitaliers parages. Mon espoir ne fut pas déçu : en effet, à peine débouchions-nous sur un petit tertre qui précède la Baisse qu'un bruit sec sonnant comme un *Oui-oui* vigoureusement jeté se faisait entendre. L'étrange siffleur n'était autre qu'une marmotte qui, assise sur son postérieur et se faisant des pattes de devant un porte-voix, avertissait de notre arrivée ses sœurs paisiblement occupées à brouter les herbes folles qui poussaient entre les pierres. A notre aspect, la sentinelle de quitter son observatoire et de gagner dare-dare son terrier. En un clin d'œil, la petite troupe avait disparu. Il me souvient d'un jeune voyageur lequel, ayant pris le cri d'alarme poussé par le vigilant factionnaire pour un signal donné par le chef d'une bande de détrousseurs, s'estima fort heureux d'avoir, par une course échevelée, échappé au risque d'être dévalisé !

La marmotte affectionne particulièrement les sites où, parmi les amoncellements de roches, poussent çà et là quelques touffes de gazon.

Vers la mi-octobre, avant les premières neiges, elle se met en devoir de creuser son terrier où elle gîtera durant son hibernation, après en avoir solidement muré l'entrée. L'instinct ne préside pas toujours sagement à la construction de cette demeure. Il arrive parfois, en effet, que le maladroit ouvrier, au lieu de creuser en profondeur, avance sa galerie trop en surface et expose ainsi tous ses occupants à passer du sommeil léthargique à la mort réelle par congélation.

Lorsqu'il suppose que la marmotte a réintégré son habitation d'hiver, le chasseur armé d'une pioche se met en campagne. Le gîte est bientôt reconnu à la terre fraîchement remuée et aux brins d'herbe que le rongeur a laissé tomber tout près en apportant ce qu'il lui en fallait pour garnir son nid. Le terrier ne tarde pas à être éventré et, d'un coup de pioche asséné sur la tête, le pauvre et inoffensif animal est abattu en pleine léthargie, sans souffrance.

Le nombre d'habitants que renferme un terrier varie de deux à dix. Pendant son sommeil, la marmotte se tient entièrement pelotonnée sur elle-même, le museau contre l'orifice anal, ce qui fait penser à nos naïfs montagnards qu'elle se nourrit de sa propre substance.

Arrivé au logis, le chasseur plonge les pièces capturées dans l'eau bouillante, les pèle, les dépèce, les

La Suisse Maritime — St-MARTIN-VÉSUBIE (A.-M.)
Les Colmianes et Chaîne des Alpes

SAINT-DALMAS. L'Église

sale, et durant l'hiver, sa ménagère en apprêtera des ragoûts dont le palais même le plus complaisant ne serait que médiocrement flatté. La graisse de marmotte est presque fluide, on la conserve dans des cornes et, suivant le dire des gens du pays, elle constitue un topique efficace contre les douleurs articulaires.

Neuvième Excursion

De Venanson aux Granges de la Brasque

par le Col du Fort

4 heures et demie

Le ciel est d'une pureté de cristal, pas un nuage, le Siruol semble ne pas vouloir se couvrir de son bonnet, ce qui pour les habitués de Saint-Martin est présage de beau temps. L'astre du jour commençait à peine à dorer les plus hautes cimes lorsque nous débouchions sur la petite place de Venanson. La route que nous aurons à parcourir s'amorce à l'entrée du village, en face de la Chapelle de Saint-Sébastien que le visiteur connaît déjà comme monument historique.

Cette voie construite en 1906, en vue de l'exploitation des magnifiques forêts du Siruol et du Tournairet, constitue plutôt une superbe corniche pour le promeneur qu'un moyen de faciliter le transport des bois. Tous les adjudicataires de coupes dans ces forêts, en effet, ont renoncé au charroi lui préférant le transport par câbles aériens qui, des points d'extraction, charrient et déposent plus économiquement les bois à même la route qui, par tram ou par chariot, doit les amener aux lieux de vente. De cet état de choses il résulte que, si d'un côté, la voie n'est pas détériorée par le roulage, d'autre part, elle se ressent fâcheusement du manque d'entretien. Nous nous y engageons pourtant et, dès la sortie du village, nos yeux se reposent agréablement sur les champs du quartier Saint-Roch, couverts de cultures diverses auxquels succède la *Robina,* site profondément raviné. Les *Vallières* viennent ensuite ; on appelle ainsi une longue bande de terre arable enclavée dans une petite forêt de chênes rouvres qui se continue jusqu'à *Rigons,* alternant avec des terrains cultivés.

La cognée du bûcheron y a pratiqué de larges clairières, si bien que les sangliers ont, faute de glands, déserté ces parages.

Après une heure de marche sur un terrain presque horizontal, nous arrivons au vallon de Rigons au fond duquel jaillit une source; le chemin le contourne en s'infléchissant vers l'Est et pénètre dans une riche forêt d'épicéas et de sapins dont les dômes touffus nous cachent pour quelques instants l'azur du ciel. Nous traversons les *Robinas de Cornaïre,* énorme éboulement de trois cents mètres de longueur, pour entrer à nouveau en plein bois et atteindre le vallon d'*Entornier.* En cet endroit qui est le point terminus de la route, sourd la source qui va s'unir à celle du vallon de Rigons pour couler ensemble dans une canalisation en ciment armé jusqu'au village auquel elle assure l'eau d'alimentation et d'arrosage, en attendant le jour où elle pourra aussi être utilisée comme force motrice.

Il ne nous faut pas moins d'une heure pour atteindre la terminaison de la route qui toute entière presque de niveau, nous permet de réserver nos forces pour la rude ascension que nous allons entreprendre. Un heure durant, le sentier tortueux court à découvert dans le vallon de la *Grava* et nous conduit à la vacherie de *Murans*. La pente s'accentue alors davantage, nous la gravissons lentement par de brusques lacets pour atteindre, après une heure, la *Baisse du Fort,* large échancrure couronnée de sapins qui sépare le Siruol du Tournairet. Deux sentiers s'ouvrent alors devant nous, l'un qui aboutit au Tournairet, l'autre qui, franchissant la Baisse tend aux *Granges de la Brasque.* Du Tournairet, le regard tourné vers le Sud plane sur *Peira-Cava,* le *Camp d'Argent* et la mer avec la capricieuse découpure de la côte : à l'Ouest le Massif du Chéron et le Mont-Vial, au Nord-Ouest, le Mont Monnier, le Bonnet Carré et, se dirigeant du Nord-Est jusqu'au Sud-Est, toute l'imposante chaîne qui, depuis les Gelas se profile en grandiose silhouette jusqu'au mont Agel.

Aux granges de la Brasque, le chemin praticable aux chariots, traverse une enfilade de nombreux baraquements construits dans de vastes clairières, au cœur même de la forêt, dans lesquels, pendant les grandes manœuvres, les troupes étaient casernées. Que de fois notre cœur a tressalli de fierté et d'espérance à la vue de nos alertes chasseurs Alpins préparant par de dures fatigues et par un entraînement pénible la Grande Victoire !

L'excursionniste pour qui la fatigue et la longueur de temps comptent peu n'est pas tenu, pour revenir à son point de départ, de faire une seconde fois le chemin déjà parcouru.

Il n'entre pas dans mon cadre de tracer un itinéraire au delà des limites des excursions dont j'ai entrepris la description : aussi, je me limiterai à fournir les renseignements suivants à titre de simples indications.

Des Granges de la Brasque partent deux artères principales dont une, dirigée vers la vallée de la Vésubie, aboutit par des voies secondaires à Roquebillière, Lantosque et au Suquet; l'autre gagne la vallée de la Tinée par la Corbaïssa et Tournefort et, par un embranchement, Utelle. Celles du Suquet et de la Tinée se prêtent au charroi.

Dixième Excursion

De Saint-Martin au Baùs de la Frema

3 heures et demie

Je me suis demandé si l'excursion du Baùs de la Frema méritait bien d'être comprise parmi celles qui doivent forcer la curiosité : ni l'agrément du chemin, ni la diversité des sites n'ont rien d'engageant, mais le grief que pourrait m'adresser tel alpiniste à qui le repos brûle les pieds m'oblige à la faire entrer dans mon cadre.

En quittant les Allées, l'excursionniste laisse à sa gauche la route de Venanson pour suivre celle du Borréon jusqu'à la rencontre du chemin conduisant au pont Saint-Nicolas jeté sur le torrent. Le raidillon qui fait suite au pont passe à courte distance de l'ancien Oratoire des Bénédictins et se continue par de nombreux lacets jusqu'au *Brec* et de là au Col Saint-Martin. De ce point nous piquons droit au Nord-Est et par une pente modérée longeant les flancs de *Nanduebis*, nous arrivons au *Serre de la Crous*. Cet endroit est ainsi dénommé à cause de la Croix que la piété des habitants de Valdeblore *y* a érigée et d'où l'œil peut apercevoir le modeste Oratoire (Pilon) édifié à l'entrée de l'esplanade au fond de laquelle se trouve le Sanctuaire de Fenestres.

Nous abandonnons alors le chemin de Nanduebis pour celui qui grimpe aux *Brecs*, série de hauts rochers pointus qui, à l'instar de monolithes géants, émergent du gazon dont le sol est tapissé. Nous contournons la gauche des Brecs et en peu de temps nous arrivons à un plateau assez large où le sentier se perd dans la verdure. Il n'y a plus qu'à suivre la pente gazonnée pour atteindre la baisse du *Clot-Sotran* où est plantée la borne qui sépare la France de l'Italie et qui, rattachée, d'un côté, à la ligne frontière de Valdeblore, passe par la *Balaours*, le vallon *d'Arcias* qu'elle descend pour traverser le Borréon et aller se raccorder, de l'autre côté, avec la borne placée au Piagù.

Du Clot-Sotran au Baùs de la Frema, le sentier disparaît entièrement dans les éboulis; la distance à franchir n'est pas grande mais un peu pénible; rien que des rochers auxquels on s'agrippe, pour atteindre au bout de trois quarts d'heure d'effort, le fameux Baùs.

De ce point culminant élevé à 2.248 mètres, la vue s'étend sur la mer, sur les vallées du Borréon et de la Madone au Nord-Est, et à l'ouest sur celles de la Tinée et du Var.

Il sera préférable de tenter l'ascension de cette cime par la voie que j'ai indiquée et qui en permet aisément l'accès.

Je m'en voudrais d'oublier que la pente gazonnée du Baùs de la Frema est le site privilégié où pousse en abondance la charmante petite fleur appelée de son vrai nom *immortelle des neiges* et que, par un inconcevable snobisme, le public s'obstine à désigner du nom trivial d'edelweiss emprunté au langage d'outre-Rhin.

Onzième Excursion

De Venanson à Saint-Martin

par la Colmiane, Saint-Dalmas et la Trinité

4 heures et demie

A vingt mètres environ de la route qui, de Venanson nous a conduit aux Granges de la Brasque, se détache un chemin muletier montant brusquement à flanc de coteau; il parcourt un sol pierreux et nu, c'est par lui que dans quarante minutes nous atteindrons le col de *Salès* dont la croupe garnie de quelques arbres semble couper horizontalement le ciel. Le col à peine franchi deux sentiers s'ouvrent devant nous, celui de gauche pour aboutir aux belles prairies du *Faut* agrémentées de bouquets de mélèzes et l'autre pour se diriger vers Saint-Dalmas-du-Plan, à travers la magnifique *Colmiane* point culminant de ce massif, qui dresse sa tête à 1.804 mètres et dont nous côtoyons le versant Ouest. La Colmiane ! quel est l'étranger villégiaturant à Saint-Martin qui n'a été aiguillonné par l'irrésistible désir de connaître ce coin merveilleux, immense parc aux lumineuses clairières ouvertes dans la forêt ombreuse, aux onduleuses prairies, aux sites changeant d'aspect à chaque détour du chemin... Qui, une fois au moins n'a pris place à un banquet dressé sur son gazon fleuri, tout rougeoyant de fraises et de framboises ? L'ascension depuis le col de Salès jusqu'à la Colmiane n'exige pas moins de cinquante minutes, sous bois et sur un épais gazon. La Colmiane franchie, nous arrivons après un quart d'heure de marche au *Baciàs* où sourd l'unique source de ce parage. Il nous faut de là un égal laps de temps pour rencontrer le petit vallon où le chemin bifurqué envoie, à gauche, un embranchement qui aboutit directement au village de Saint-Dalmas et un autre, à droite qui mène au col *Saint-Martin* plus connu par les gens du pays sous le nom de col *Saint-Dalmas.*

Ce col qui mériterait plutôt l'appellation de plateau marque la limite entre la vallée de la Vésubie et le *Val de Blore.* C'est ici que se trouve le point terminus de la route venue de la Tinée et qui devra relier cette vallée à celle de la Vésubie.

Le Val de Blore largement ouvert et orienté de l'Est à l'Ouest descend en pente plus ou moins rapide suivant les points jusqu'à sa rencontre avec la Vallée de la Tinée, en traversant les villages de Saint-Dalmas ,la Roche et la Bolline. Ce dernier délicieusement situé dans de beaux ombrages, ne tardera pas, grâce à la douce fraîcheur de son climat et l'excellence de son eau potable, à devenir une station très recherchée.

Du col Saint-Martin où nous nous trouvons, nous apercevons nettement Saint-Dalmas ; ses maisons nous paraissent si rapprochées les unes des autres qu'une toiture unique, d'une teinte violette, semble les couvrir toutes. Nous ne pouvons résister au désir de prolonger jusque là notre course, bien persuadés d'y trouver une compensation.

Pour gagner du temps, nous prenons le raccourci, négligeant la route dont les lacets traversent des carrés de terrain auxquels les diverses cultures donnent l'aspect d'un échiquier bariolé. Quelques rares noyers sont là pour attester que seuls ils ont pu acquérir droit de cité dans une localité où la rigueur des hivers interdit aux essences moins rustiques de vivre et de prospérer. Vingt minutes après notre départ du col, nous faisons notre entrée à Saint-Dalmas par une des trois portes qui donnent accès au village, enserré de toutes parts par un mur d'enceinte. Les rues sont tortueuses et étroites; les maisons adossées les unes aux autres et souvent réunies par des voûtes, pour se prêter un mutuel appui contre la tourmente et le froid, témoignent par l'aspect sombre de leurs pierres d'une vénérable vétusté.

L'Eglise se trouve hors de l'enceinte; un porche en couvre l'entrée. Sur le prolongement de la façade principale et empiétant sur celle qui regarde le bois, existe une excavation de forme rectangulaire de six mètres environ de surface et revêtue intérieurement d'un mur en maçonnerie. C'est là, dans cette fosse commune, dans ce *charnier*, que jadis on jetait pêle-mêle les corps des défunts. Naguère encore, on pouvait voir dans ce trou béant de nombreux ossements humains.

Le village ne contient rien de remarquable; toute sa richesse artistique, c'est son église. Dans la revue « Nice historique », l'érudit conservateur de la Bibliothèque municipale de Nice, M. l'avocat Joseph Levrot, lui a consacré un article dont j'extrais le passage suivant. « L'Eglise de Saint-Dalmas-du-Plan est un monument d'architecture romane; son clocher très élégant de proportions. Une crypte aujourd'hui réduite au chœur et à l'abside de droite s'étendait primitivement sous les trois absides et peut-être même sous tout l'édifice.

« Cette église possède un calice du xve siècle, une croix processionnelle, ainsi que deux rétables du xvie siècle. Des fresques remontant à une date antérieure au xve siècle, aujourd'hui détériorées, et représentant la décollation de Saint Jean, existent à l'abside latérale droite. »

La fondation de Saint-Dalmas doit remonter à une date fort ancienne. Suivant Raiberti, les Romains avaient construit la route qui, de Borgo San Dalmazzo (*Pedona*), aboutissait à Saint-Dalmas-du Plan, après avoir franchi le col de Fenestres. Au dire du même auteur, l'église actuelle fut édifiée par les Bénédictins sur les ruines d'un temple payen qui possédait une crypte dans laquelle étaient déposées les urnes cinéraires d'une famille dont le chef résidait à Saint-Dalmas et avait pour mission la surveillance de la voie.

Ce village fit partie des domaines des Comtes de Glandèves : il compte actuellement 230 habitants et concourt, avec La Roche et La Bolline, à former la commune de Valdeblore dont il est une section.

Nous quittons Saint-Dalmas avec, dans les yeux, la macabre vision du charnier et de l'humble église dans laquelle il me semble encore entendre les Bénédictins psalmodier les matines d'une voix creuse, renforcée par la sonorié de la crpyte. Nous saluons en passant les deux douaniers postés à la sortie du village et lentement nous reprenons le chemin qui doit nous ramener au col.

A mi-chemin, la culture s'élève en verdoyantes prairies dans le vallon de la *Cianaria* où jaillit, paraît-il, une source intermittente et par où le touriste peut gagner les hauts pâturages de Millefouons, le lac Gros, etc.

Un peu plus vers le col, dominant de très haut le chemin, de petits bosquets de pins rabougris, poussés dans la pierraille semblent garder l'entrée d'une caverne appelée par les habitants la *Balme des Aiguilles* qui, par la disposition et les teintes variées de ses roches, offre l'aspect d'un décor de théâtre. Dans son ouvrage « Autour d'une église », dans lequel l'auteur se révèle autant poète délicat qu'entendu coloriste, M. l'abbé Bouillon fait de cette caverne une description saisissante dont je détache le fragment suivant : « deux pylônes de pierre en avant d'elle semblaient l'annoncer, lui faisaient un portique d'entrée; et ces pylônes qui, d'en bas, pourtant paraissaient gigantesques, commençaient à prendre à présent des proportions que je ne leur aurais jamais soupçonnées.

Et c'était au-dessus de ma tête un chaos de roches surplombantes, un désordre d'énormités vers lesquelles je me dirigeais avec l'impression grandissante de pénétrer sur un territoire défendu, dans le domaine réservé des fantômes et des épouvantes.

C'est ici, racontent les habitants de Saint-Dalmas, qu'un des leurs enchaîna son épouse d'un jour, que toute sa ruse n'avait pu soustraire au caprice voluptueux du seigneur local. Elle devait y rester à genoux jusqu'au jour où une vengeance tirée de son insulteur l'aurait purifiée. Cela ne tarda guère. Le crâne du tyran éclata sous la hache du serf et l'épouse vint reprendre sa place au foyer. »

C'est probablement à cette légende que les habitants de Saint-Dalmas doivent le surnom de *manaïrons* (hache) qui rappelle un acte d'énergique révolte et une juste vengeance contre un ignoble et libidineux seigneur.

A droite de cette caverne, il en existe une autre plus abordable, appelée *Balme d'Isoart* : c'est un trou profondément creusé dans la montagne, dépourvu de tout ce décor de féerie dont la nature s'est complu à parer la caverne décrite par M. Bouillon. Cette excavation est assez spacieuse pour y loger plus de cinq cents moutons. Le nom d'Isoart qu'elle porte et sa plus facile accessibilité laisseraient supposer que c'est dans celle-ci et non dans l'autre que la malheureuse épouse aurait expié sa faute involontaire et que le nom qui la désigne ne serait autre que celui de l'époux insulté et vengé.

Dans un coin délicieusement caché à l'orée de la forêt de la Colmiane s'élève un modeste refuge où les douaniers peuvent, en hiver, se mettre en sûreté contre les rafales qui parfois sévissent avec une violence inouïe. Presqu'en face de cet abri se trouve le point terminus de la route à laquelle s'amorce la voie muletière qui relie les deux vallées et que nous allons suivre jusqu'à un demi-kilomètre au dessous du *Brec* qui fixe la limite entre les Communes de Saint-Martin et de Valdeblore. *Brec* est le nom d'un énorme rocher très élevé et taillé à pic, au pied duquel passe un chemin qui ne peut être que celui jadis construit par les Romains pour relier Pedone à Saint-Dalmas. Là, à notre gauche, un sentier détaché de celui qui va à Saint-Martin suit presque à plat les sinuosités des vallons les *Blacieras* et la *Loboniera* et, après avoir pendant un certain temps, longé la limite qui sépare le terroir de Saint-Martin du Mitenc, nous mène au *Ciastel* que nous atteignons dans une heure et quart après notre départ du col.

Le Mitenc est une bande de terrain indivis, située dans la forêt de Nanduebis, dont les deux communes limitrophes ont simultanément la jouissance. Quelques tentatives ont déjà été faites pour faire cesser l'indivision mais pour diverses raisons qu'il importe peu de donner, la question reste toujours pendante.

Bien que le nom de Ciastel (Château) donné au site que nous visitons semble faire pressentir la narration d'intéressantes aventures, je suis réduit à avouer que son origine est aussi obscure que son histoire. Un manoir a-t-il jamais existé sur cette colline ?

On l'ignore; quand on aura mentionné que les soldats de la Révolution y avaient établi des travaux défensifs contre les armées Austro-Sardes, on aura dit assez pour ne pas aborder le domaine des conjectures.

Le promeneur qui, des allées, tourne le regard vers le Nord-Ouest, aperçoit un mamelon arrondi dominant la vallée du Borréon d'une hauteur de plus de 400 mètres. De droite et de gauche des champs cultivés et des prairies semblent monter à l'assaut des roches nues et grises qui le barrent du côté Nord et dont il est séparé par le vallon du Villar issu de *l'Arcia*. Dans la combe située à l'ouest du monticule, des maisons rurales et des granges piquées dans la verdure paraissent s'être placées là pour mieux ressentir la protection de la Trinité à laquelle, de temps immémorial, la piété des fidèles a consacré la chapelle édifiée sur cette hauteur. C'est à cette oasis de délicieuse fraîcheur où des sources excellentese ruissellent de toutes parts qu'a été donné le nom de Ciastel.

Il serait difficile de rencontrer dans les environs un point de vue mieux choisi pour suivre jusque au loin les sinuosités de l'instable Vésubie roulant ses flots d'argent et les teintes dégradées que les montagnes dans leurs divers plans empruntent à l'éloignement.

En dépit de ces beautés naturelles et bien qu'une des plus rapprochées de Saint-Martin, l'excursion de la Trinité est une des moins en faveur. La difficulté de l'accès en est la cause; plusieurs sentiers y conduisent, mais tous sont en mauvais état de viabilité ou trop montants et, partant, interdits aux pieds sensibles et aux personnes dont les organes de la respi-

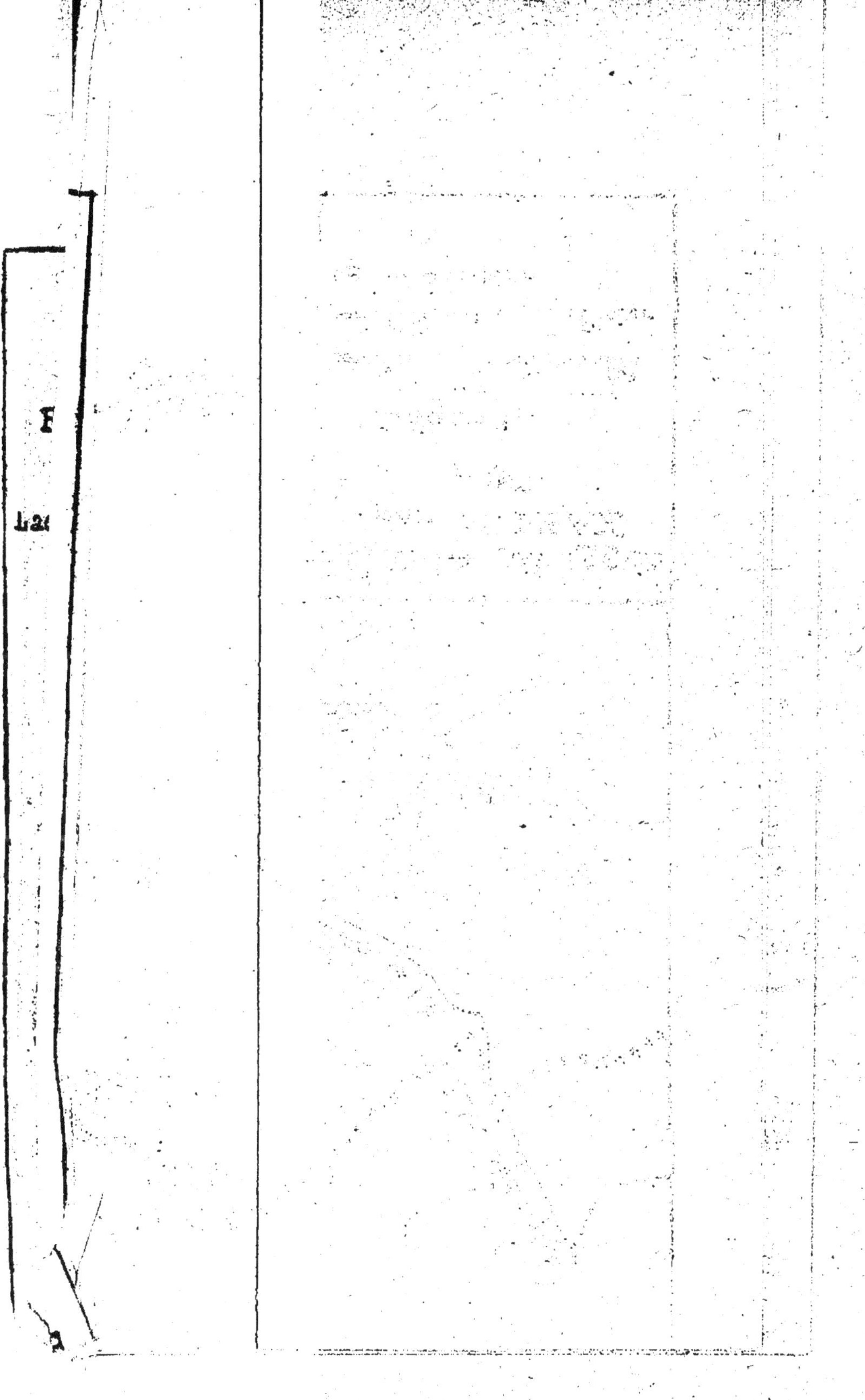

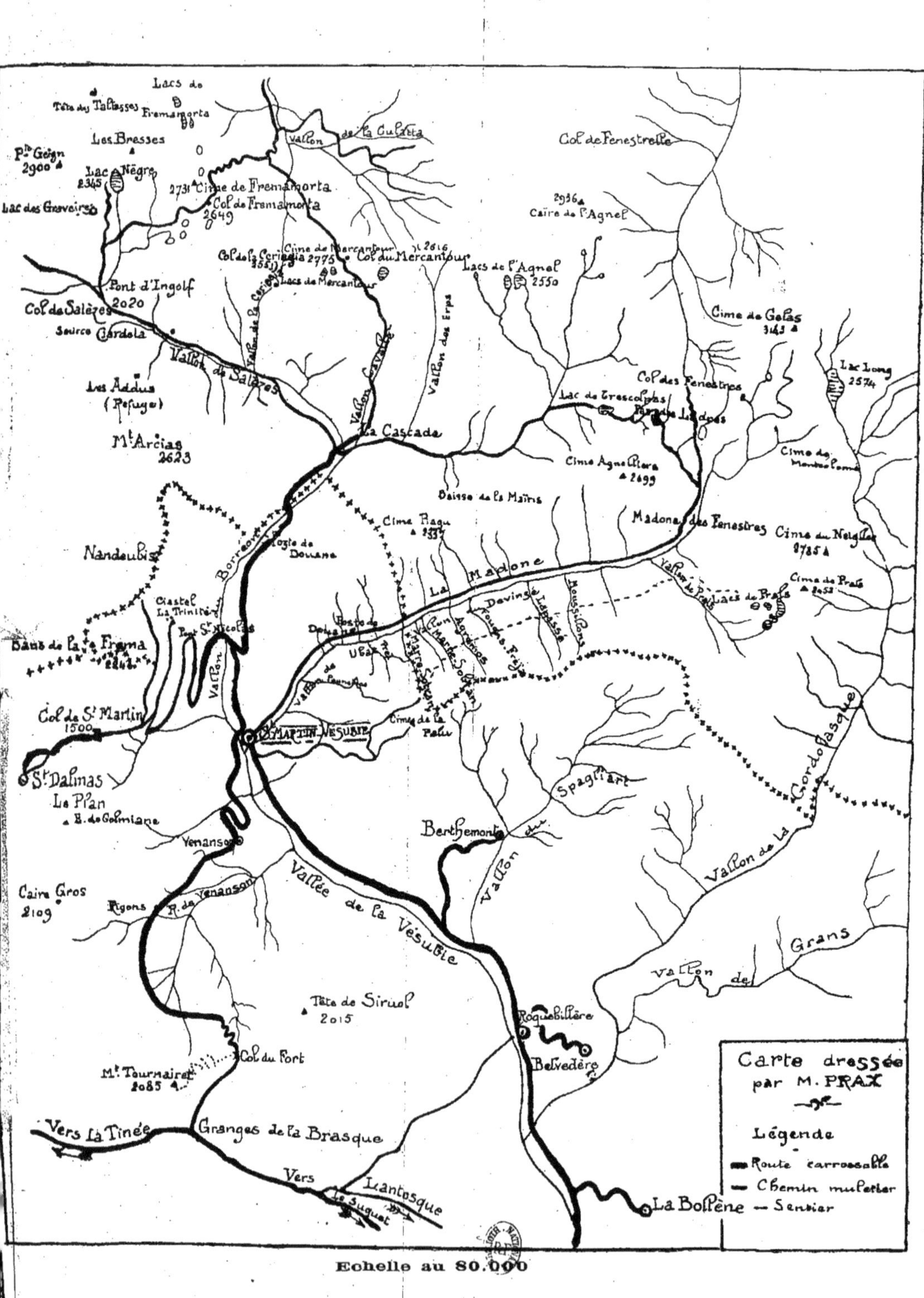

Echelle au 80.000

respiration ou de la circulation ne fonctionnent pas normalement.

On attend avec la plus vive anxiété la mise à exécution du projet de route qui, partant de Saint-Martin irait rejoindre celle du col Saint-Martin, en passant par la Trinité. Ce projet a été longtemps tenu en échec par le génie militaire : enfin, le tronçon Saint-Martin-Trinité ayant été autorisé, on peut avoir la certitude que l'autorité militaire ne maintiendra pas son *veto* pour la partie qui doit aller se raccorder, sur le col, à celle qui vient de la Tinée.

Les avantages de cette voie réclamée à cor et à cri par les populations de la Vésubie et de Valdeblore, dès l'année 1863, sont considérables tant au point de vue local que régional. Pour Saint-Martin et Valdeblore, ce serait la possibilité de mettre en valeur de vastes terrains de culture ou propres à la construction. On déplore souvent l'absence dans nos Alpes d'un grand hôtel présentant tout le confort que les exigences de la vie moderne rendent indispensable. Le Ciastel, par sa grande luminosité, son altitude, son orientation, son abondance en eaux excellentes, son immunité contre les vents du Nord et desservi par une route commode, réunirait toutes les conditions désirables pour une semblable création. Station d'été par excellence, le Ciastel serait également approprié à une résidence hivernale et, par suite, offrant tous les éléments favorables pour la pratique des sports d'hiver.

De plus, si on considère les intérêts du tourisme et de l'automobilisme, quel trajet plus agréable pourrait-on conseiller au voyageur que celui qui lui permettrait de *boucler* la *boucle*, en utilisant diverses vallées et cela en toutes saisons?

Le retour à Saint-Martin peut s'effectuer par le chemin qui, descendant par le flanc Sud du Ciastel, vient aboutir au quartier Saint-Nicolas.

Douzième Excursion

De la Cascade au lac et cime de Mercantour

3 heures et quart

En amont de la Cascade du Borréon, à brève distance du pont jeté sur le torrent, un sentier se détache de celui qui, par le Pas-des-Ladres et la Madone, relie la vallée du Borréon à celle de Fenestres.

Cet embranchement que nous allons suivre et à l'origine duquel une croix a été érigée, longe la rive droite du Borréon; dirigé tout d'abord vers le Nord, il s'infléchit ensuite vers l'Est et, après avoir décrit un large détour qui, à travers champs, le rapproche du vallon des *Erps,* il reprend sa direction primitive en côtoyant la rive gauche du vallon *Cavallé,* que nous traversons après une montée, sous bois, de trente minutes. A partir de ce point, l'ascension devient plus rude et le bois plus touffu. De lacet en lacet et au bout d'une heure de marche, nous arrivons à l'ancienne *vastiera* du Cavallé et, un peu plus loin, à la Cabane de la *Laùza* faisant partie l'une et l'autre de la vacherie de la Ceriegia. Nous quittons alors la forêt pour atteindre un tout petit lac que les chaleurs de l'été dessèchent entièrement; là aussi, la ligne téléphonique installée par le gouvernement italien entre Borréon-

Cascade et Valdieri disparaît ; nous contournons le côté Est du petit lac et quarante-cinq minutes après, nous pouvons nous reposer au bord du lac de *Mercantour* et reprendre haleine avant de faire l'ascension du col de même nom. Ce lac est de forme irrégulièrement arrondie et de dimensions peu considérables. Pas le moindre souffle n'en ride la surface, qui reflète l'azur d'un ciel profond et sans nuage : ses bords ainsi que ses environs sont nus, sans végétation aucune. Nulle part, je n'ai ressenti comme ici, où le silence est absolu et la nature sans vie, la sensation d'isolement et d'abandon.

Après quelques instants de repos, nous entreprenons i'ascension du Mercantour ; nous l'effectuons au milieu d'éboulis d'où émerge un fin gazon et en une heure de temps nous en atteignons la cime (2.775 m.), d'où nous pouvons étendre nos regards sur le vallon de la *Valetta,* le *Clôt-aut* et la mer.

Un autre sentier, à peine tracé dans le vallon des Erps et à travers la Balme de Ghilié, aboutit également au Mercantour, mais il est d'un accès beaucoup plus malaisé et hors de la vue du lac.

Certains géologues ont signalé le col Mercantour comme le point central du soulèvement de ce massif de nos Alpes, lors de leur formation. Son altitude est de 2.616 mètres.

Lorsque j'aurai ajouté que ces parages ont vu passer en 1795 les colonnes Bonnaud allant se briser devant la bravoure des soldats de la République, j'aurai dit tout ce qu'il y a d'intéressant à connaître.

L'alpiniste qui désirerait pousser son excursion jusqu'aux thermes de Valdieri n'a qu'à quitter le sentier qui, du petit lac, nous a conduits au lac de Mercantour et suivre celui qui, par la Baisse du col d'*Arnova* (Col de la Ceriegia), se dirige vers le vallon de la *Culatta,* au fond duquel, à deux heures de distance, s'élève l'établissement thermal de Valdieri, si fréquenté par la riche et élégante clientèle piémontaise.

De la Madone à Saint-Martin

par la Palù Les Lacs de Prals

7 heures et demie

Mon guide m'informe qu'un chemin autre que ceux que nous avons déjà parcourus peut nous ramener à Saint-Martin, en suivant le flanc gauche de la vallée de Fenestres jusqu'à la Palù, d'où il nous serait aisé de regagner nos pénates. Il se fait toutefois un scrupule de conscience de me prévenir que si, par une pointe poussée vers la hauteur de Prals, je tenais à voir les cinq lacs, notre excursion n'exigerait pas moins de sept heures et demie : comme compensation, il me promet de magnifiques forêts à traverser et des sites charmants à admirer.

J'acceptai la proposition, poussé autant par le désir de parachever mes connaissances sur la région que par le souci de ne pas déchoir dans l'estime que mon guide avait de moi comme intrépide marcheur. Toute une matinée d'inaction passée à la Madone, où j'étais arrivé dès la veille, m'avait du reste mis en forme. Lestés d'un réconfortant déjeuner et munis d'un solide viatique, nous quittons la Madone à dix heures. En quelques minutes, dévalant la pente herbeuse, nous atteignons et traversons le petit pont rustique jeté sur le torrent de la Madone, au point appelé *Baciàs*. Nous prenons le sentier faisant suite au pont et, par une pente douce, nous arrivons, sous bois, au vallon de Prals. Ici commence la rude ascension qui, dans deux heures de temps, nous conduira aux cinq lacs : les arbres se font de plus en plus clairsemés, puis ils disparaissent entièrement. Bien que la saison soit déjà avancés, le soleil est chaud, mais la fatigue de la montée est singulièrement atténuée par le fin gazon qui, sans discontinuité, s'étend sous nos pieds. Un petit ruisseau coule au fond évasé du vallon dont, en zigzaguant, nous longeons le bord. Chacun de nos pas fait lever une grenouille qui, d'un bond, se sauve dans l'eau ou se blottit sous l'herbe ; ces petits batraciens y sont si nombreux que rien ne serait plus aisé que d'en faire une copieuse capture. Avis aux gourmets...

L'heure nous pressant, nous continuons à gravir la pente jusqu'aux lacs, qui sont au nombre de cinq, dont le plus grand est loin d'avoir les dimensions de celui de la Madone lui-même. Ils sont très rapprochés les uns des autres et alimentés par les névés des massifs de Prals et du Neiglier. Mon guide me dit que quelques-uns d'entre eux sont réduits, vers la fin de l'été, à l'état de mares dans lesquelles grouillent et frétillent des myriades de têtards de grenouilles. Je me demande si la vue de ces pièces d'eau dédommage bien l'alpiniste de la peine qu'il a prise pour aller les visiter.

Aussi, nous hâtons-nous de revenir sur nos pas, jusqu'à l'endroit où nous avions entrepris l'ascension.

Dans notre descente, nous laissons à notre gauche le sentier qui, par la Baisse de Prals, aboutit à la vallée de la Gordolasque, un peu au-dessous de *Saint-Grat*.

Arrivés à notre point de départ pour les cinq lacs, une clairière large de dix mètres a été pratiquée en pleine forêt, pour délimiter les terroirs appartenant respectivement aux communes de Belvédère et de Saint-Martin. Partie du vallon de Prals, cette clairière traverse en pente douce tout l'*Ubac* du *Dévensé*, que les gens du pays divisent en plusieurs quartiers dénommés les *Moussillons*, où un chemin se détache pour franchir la *Baisse de Férisson*, le *Lapassé*, *Fouons-Freja*, les *Agrémos*, les *Marre Sobran* et *Sotran* et le *Preï*. Le Marre Sotran marque la frontière entre la France et l'Italie. Venue de la tête du Marre, la limite en suite l'arête jusqu'au vallon de Fenestres qu'elle franchit et remonte légèrement pour, de là, joindre la cime du Piagù.

Aucune description ne peut traduire l'impression que l'on éprouve en parcourant la trouée qui s'ouvre comme une grandiose avenue : des arbres de diverses essences la bordent des deux côtés. Les épicéas et les sapins aux troncs élevés comme les colonnes d'un temple majestueux entremêlent leurs branchages verts et chevelus au feuillage jauni des mélèzes : la clairière se plie avec souplesse aux contours des gorges qui, à peine marquées en haut, se creusent, à leur partie inférieure, en abîmes horribles, en affreux précipices.

Une particularité qui m'a frappé, c'est la pauvreté de la faune dans ces parages en apparence giboyeux : à peine si deux ou trois tétras au plumage d'ébène et à la queue en forme de lyre ont croisé notre chemin à tire-d'aile ; quelques écureuils jouent à cache-cache dans les sapins, tandis que sur un pin cembro un geai de montagne à la robe noire mouchetée de blanc remplissait goulument son gésier de graines qu'il régurgitera après, pour les casser de ses puissantes mandibules et en extraire les amandes dont il est friand.

Partout, le silence est profond, solennel. Je songe, chemin faisant, que, dans notre belle France, bien des forêts aussi luxuriantes que celle que je parcours en ce moment ont été anéanties par la sauvagerie teutonique.

Avec la gorge du Preï, la clairière cesse ; quelques arbres espacés les uns des autres, que l'on dirait des arrière-gardes, marquent la fin de la forêt, dont la traversée n'a pas exigé moins de deux heures d'une marche incessante. A la grandiose avenue a succédé un sentier perdu dans un large plateau tout gazonné, semblable à la pelouse d'un parc, interrompu sur une faible largeur par le vallon *Pomaïràs*. C'est le nom donné au terrible vallon qui, issu près de la cime de la Palù, aboutit jusqu'au vallon de Fenestres et semble vouloir scier en deux la montagne qui lui donne naissance. Assez resserré à son origine, il s'élargit et se creuse davantage au fur et à mesure qu'il s'avance vers le bas : à la moindre pluie, il enfle avec rage et ses eaux boueuses portent la désolation dans les prés qui bordent la Vésubie.

La Municipalité, dans un but de préservation, a cédé gratuitement ce vallon aux Domaines, mais l'Etat n'y a appliqué jusqu'à présent que des travaux rudimentaires et insuffisants, non seulement pour restau-

rer ces terrains ravinés, mais encore pour en empêcher la détérioration progressive.

Le Pomaïras traversé, nous arrivons dans quelques
minutes au Caïre de la *Palù*, énorme rocher à surface
plane sur lequel nous nous installons pour reprendre
haleine et casser la croûte. Mon guide m'affirme que
de la cime de la Palù (2.131 m.), on aperçoit la baie
des Anges ; j'aime mieux le croire que d'y aller voir.
L'endroit où je me trouve donne à mes yeux assez de
satisfaction pour me dispenser de gravir la montée qui
me sépare du point culminant.

En face de moi, de l'autre côté de la vallée, le
Tournairet et le Siruol noient leurs masses dans
l'ombre floue du crépuscule automnal, tandis que, dans
les champs, les cerisiers marient le carmin de leurs
frondaisons agonisantes à l'ocre de la châtaigneraie
dévalant la montagne et que Saint-Martin aux toitures
rouges et violettes s'étale silencieux et recueilli dans
son nid de verdure, entre ses deux torrents.

L'heure s'avance, il est temps de nous arracher à
notre contemplation et de nous remettre en route. Nous
laissons donc notre observatoire et d'un pas pressé,
nous descendons l'arête du mont pour arriver au *Pueï*
et toucher au terme de notre randonnée, au moment
où déjà les premières étoiles s'allument au firmament
et que des coulées de vacillante lumière échappées des
habitations semblent saluer notre retour au foyer
familial.

APPENDICE

Au moment de clôturer mon travail, une très intéressante Notice me parvenait du Touring-Club sur **les** *Climats de France*.

Dans ces pages, les très distingués auteur, MM. Auscher, membre du Conseil d'administration du T.C.F., et le docteur Sellier, professeur à l'Université de Bordeaux, invoquant l'opinion de Sabourin, donnent comme « véritables climats de moyenne altitude » ceux qui se trouvent à 500 mètres et même au-dessous, et qu'ils considèrent comme « un élément moyen largement suffisant pour le relèvement de l'organisme ».

Cette formule, certainement vraie pour la région à laquelle elle est appliquée, ne s'adapterait qu'imparfaitement à celle que j'ai essayé de définir climatologiquement et à laquelle la classification de Lombard semblerait mieux appropriée.

Il convient, en effet, dans la détermination d'un climat, indépendamment de tous les autres éléments, de tenir compte non seulement de son altitude, mais encore de sa latitude. Il est indéniable que, pour deux altitudes égales, celle accusera une température plus basse qui se rapprochera davantage du Nord. Telle est la raison pour laquelle, dans les Indes par exemple, on est tenu d'aller demander à 2.000 mètres les conditions climatériques que, dans nos pays tempérés, nous pouvons rencontrer à 800 ou 1.000 mètres au plus.

C'est aussi pour ce même motif que, dans notre région méridionale, on doit compenser la latitude par l'altitude, et j'estime que les 500 mètres d'élévation seraient insuffisants pour y réaliser les effets thérapeutiques obtenus dans les localités probablement visées par la Notice, que j'utilise bien volontiers pour clore mon ouvrage.

La divergence que je me permets de mentionner n'est donc qu'apparente, et mon but, en la signalant, est uniment de justifier une classification destinée à guider les étrangers dans le choix d'une résidence estivale, quand les ardeurs de l'été les obligent à quitter le littoral méditerranéen.

Partant de cette idée, j'ai divisé en trois zones les sites qui, dans cette partie du département, peuvent s'approprier à la création de séjours d'été, la première étant comprise entre 500 et 850 mètres, la seconde allant de 850 à 1.100 et la troisième pouvant s'élever jusqu'à 1.904 mètres (la Madone de Fenestres).

Nettement tranchées par la nature de la végétation, elles répondent respectivement à la division que j'ai adoptée : climats tempérés, toniques et climats excitants.

Je n'ignore pas les griefs que l'on peut imputer à cette classification, mais je me sens réconforté par l'opinion du professeur Fonssagrives, qui dit que toute caractérisation de climat, basée sur les critériums physiques et instrumentaux, lui paraît tellement incertaine, qu'il préfère recourir à l'épreuve d'un réactif autrement sûr, la vie, interrogée dans la flore et la faune des localités ou des pays auxquels se rattache chaque genre de climat.

Loin de moi la pensée de refuser à l'altitude moyenne de 500 mètres et même au-dessous toute action tonique, mais j'admets volontiers aussi que cette influence ne peut s'exercer que sur un sujet affaibli, séjournant habituellement dans un climat bien moins élevé, au bord de mer par exemple, ou dans la plaine. Et cela me paraît si vrai que le Saintmartinois lui-même, bien qu'habitant à une altitude de 967 mètres, est obligé parfois d'aller demander à une plus grande élévation le coup de fouet susceptible de stimuler son organisme déprimé ou, ce qui est étrange, d'aller emprunter à l'air de mer l'aiguillon dont il a besoin.

Tout est donc relatif, et, pour ma part, je ne saurais dire quels sont les éléments qui, par des modes d'actions différents, aboutissent aux mêmes résultats.

Ceci dit pour ma justification, que MM. Auscher et Sellier me permettent de leur adresser mes respectueuses félicitations pour l'exposé aussi persuasif qu'ils ont fait des obligations qui incombent à tous les Français ; leur chaleureux appel sera assurément entendu par tous ceux qui ont à cœur notre relèvement national. « L'air de France, ont-ils dit, est une incomparable richesse qu'il faut exploiter. » L'accomplissement de ce devoir s'impose d'autant plus que par lui sera atteint le triple but *patriotique, humanitaire* et *économique* indiqué par Huchard.

Ce but, le Touring-Club de France le poursuit sans relâche et avec le plus heureux succès. Nous espérons que les Syndicats d'Initiative, qui lui sont redevables de tant de précieux encouragements, seconderont ses généreux efforts, et que, par la collectivité de leurs énergies, ils concourront à rendre notre France plus belle, plus prospère et plus glorieuse.

BIBLIOGRAPHIE

RAIBERTI LAZARE. — *Aperçu historique sur le Sanctuaire de Notre-Dame de Fenestres et sur Saint-Martin-Vésubie.*

GABRIEL LETAINTURIER-FRADIN. — *Nice de France.*

PHILIPPE CASIMIR. — *Les Stations d'été. Vallée de la Vésubie.*

PAUL PADOVANI. — *La Gloire de Nice.*

VICTOR BOUILLON. — *Autour d'une Eglise.*

ARDOUIN-DUMAZET. — *Voyage en France.*

A. MUSSO. — *Monographie chronologique de Roquebillière.*

L. AUSCHER, président du Comité de Tourisme du T. C. F. — *Les Saisons de la Montagne.*

FONSSAGRIVES. — *Dictionnaire encyclopédique des Sciences médicales.*

AB. HOVELACQUE, professeur à l'Ecole d'anthropologie de Paris. — *La taille dans un canton ligure.*

L. AUSCHER et DOCTEUR SELLIER, professeur à l'Université de Bordeaux. — *Climats de France.*

TABLE DES MATIÈRES

La Côte d'Azur constitue la plus parfaite et la plus harmonieuse miniature d'un grand Continent : le bord de mer avec ses horizons infinis, ses cités mollement étendues au long des plages ou perchées aux derniers éperons des Alpes ; puis les vallées, ou larges et verdoyantes, ou encaissées dans les rocs vertigineux ; puis, la montagne moyenne qu'habille l'argent des paisibles oliviers ; puis, la haute montagne avec ses sombres sapins, ses éboulis de granit ; enfin, les cimes aux neiges éternelles !

Toutes les flores, tous les climats, tous les aspects judicieusement distribués dans une région de cent kilomètres de diamètre à peine !

Aussi, combien je comprends l'hymne rempli de fervente admiration que M. le Docteur Cagnoli, dans son ouvrage : « De Sommets en Aiguilles », entonne à l'adresse du Pays qui l'a vu naître.

Car c'est bien l'amour du Pays natal qu'il connaît admirablement et dont il a su mettre en valeur tous les charmes, qui fait éloquentes et vibrantes les pages de cet ouvrage — lorsque toutefois, le Docteur Cagnoli ne s'astreint pas à étudier, approfondir, rechercher les causes, exposer les faits historiques.

Nul sujet n'eût d'ailleurs pu se mieux prêter au travail du Docteur Cagnoli : Saint-Martin-Vésubie, tapi dans les châtaigniers, dressant ses toits vieillots au-dessus des torrents qui l'enserrent et le bercent, est le centre de promenades exquises et aussi d'excursions de grand style.

L'auteur l'a traité magistralement : ce faisant, il a réalisé une bonne œuvre : notre France est une mosaïque de sites merveilleux mais ignorés, car le Français subit l'attirance de tout ce qui est au-delà de ses frontières... pas trop loin cependant ! Et par là il nous prive d'une source de richesses immenses que procure le Tourisme : l'heure n'est cependant pas à l'exportation de notre or !

En faisant connaître son pays, le Docteur Cagnoli a mérité la reconnaissance du monde du Tourisme ; elle lui est largement accordée et notamment celle de la "Fédération des Syndicats d'Initiative de la Côte d'Azur", mais il mérite davantage encore, car il a fait œuvre de bon citoyen et de bon Français.

Nous souhaitons que dans nos vallées l'exemple du Docteur Cagnoli soit suivi !

JEAN SANTIAGGI, Avocat
Président
de la Fédération des Syndicats d'Initiative
de la Côte d'Azur

Mon Cher Docteur,

En me demandant une approbation de l'œuvre nouvelle que vous consacrez à la vallée de la Vésubie, vous me faites un honneur dont je sens tout le prix. Comment pourrais-je bien vous répondre, à vous qui êtes si particulièrement averti des choses de votre pays ?

Votre excellent ouvrage s'imposera à quiconque voudra s'instruire agréablement de l'histoire, de la chorographie et de la climatologie de la vallée Vésubienne. Je ne saurais assez vous approuver d'avoir ajouté un choix important d'excursions autour de Saint-Martin-Vésubie, le centre principal de la Suisse niçoise.

L'étude de cette remarquable région, que tant d'écrivains et d'alpinistes ont mise à l'honneur du monde, n'était pas épuisée. Vous avez su croquer des souvenirs charmants et des traditions précieuses.

Je vous félicite d'avoir conduit à bien cette œuvre de longue haleine où les localistes eux-mêmes trouveront des aperçus originaux. Vous connaissez l'admiration de vieille date que je professe pour Saint-Martin et sa montagne : ce sentiment seul suffirait pour que j'applaudisse à vos efforts et pour que je souhaite le meilleur succès à votre publication.

Puisse ce livre remplir le but que vous vous êtes proposé : attirer à votre gracieuse petite patrie des admirateurs de plus en plus nombreux !

Veuillez agréer, mon cher Docteur, l'expression de mes sentiments de cordialité.

VICTOR DE CESSOLE
Président du Club Alpin Français
(Section des Alpes-Maritimes)

Nice, le 25 Mai 1918

Mon Cher Confrère,

J'ai lu, avec un vif intérêt, le travail que vous publiez sur Saint-Martin Vésubie et je vous félicite de la manière originale dont vous l'avez conçu et exécuté.

Possédant sur l'histoire proprement dite des renseignements peu connus, vous les avez mis en lumière mais, avec raison, vous n'avez fait à ces documents qu'une part discrète, suffisante pour exciter la curiosité des érudits, mais qui laissait aux tendances nouvelles toute l'importance qu'elles méritent. Dans la période troublée que nous traversons, vous avez compris que les enseignements du passé seraient le guide le plus sûr de l'avenir. J'ai remarqué la part que vous avez faite à l'étude des voies de communication qui traversaient les Alpes dans les siècles passés et qui nous donnent des renseignements précieux sur le mouvement commercial et économique de l'époque et des indications pour les temps nouveaux. Je ne puis que vous engager à poursuivre vos recherches, persuadé que vous apporterez ainsi un concours très utile au relèvement de nos régions aujourd'hui si éprouvées.

Votre description du pays, simple, précise, détaillée, rendra les plus grands services à vos fêtes d'été et je serai heureux que vous trouviez des imitateurs dans les communes des Alpes-Maritimes.

Il m'est doux de voir un vieux camarade donner l'exemple et, de tout cœur, je l'applaudis de mettre au service du pays une activité toujours aussi éveillée et aussi rigoureuse.

Dr BALESTRE.

Mon Cher Maire,

« De Sommets en Aiguilles » ! Quel titre aguichant et quel bon ouvrage... et aussi quelle bonne action !

Depuis la première jusqu'à la dernière ligne, le souffle de l'amour du pays natal anime votre travail.

Et comme vous le connaissez bien votre cher pays, comme on sent que vous l'avez parcouru dans tous ses coins et recoins, ses cimes jusqu'au plus profond de ses vallées.

Avec un guide comme vous on le connaîtra et surtout on le connaîtra bien parce que vous êtes artiste autant qu'écrivain et que votre plume n'a si bien décrit que parce que vos yeux ont su voir.

C'est une bonne action, dis-je. Quoi de plus méritoire, en effet, que ce témoignage d'amour du sol natal, cet hommage rendu à notre seconde mère, la nature, à celle dont l'air, la terre et le ciel nous ont fait ce que nous sommes, imprimant en nous leur trace ineffaçable.

Que tous les Maires de France fassent comme vous, mon cher Maire, et le Tourisme en France progressera à pas de géant.

Merci donc, mon cher Maire, du grand service rendu par vous au tourisme, et honneur à vous !

Cordialement vôtre,

A. BALLIF.

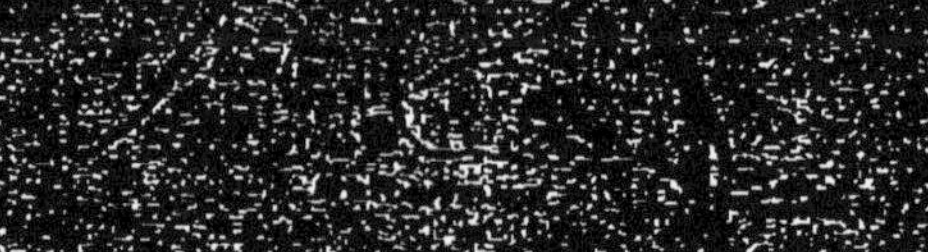

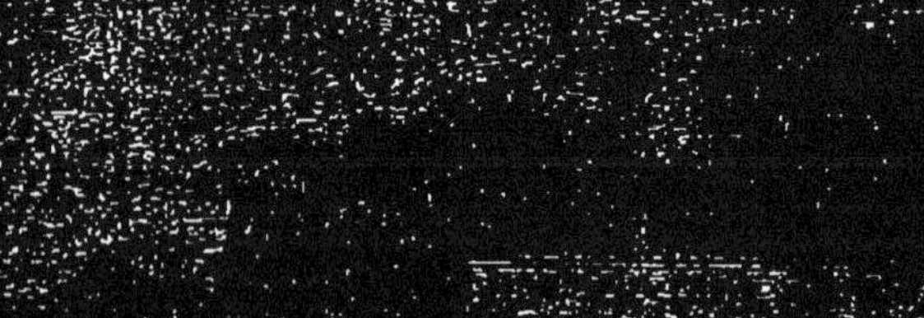